Ruptura

Manuel Castells

Ruptura
A crise da democracia liberal

Tradução:
Joana Angélica d'Avila Melo

Para meu neto Gabriel Millán Castells,
que luta pela justiça e pela paz

Título original:
Ruptura
(La crisis de la democracia liberal)

Tradução autorizada da primeira edição espanhola,
publicada em 2017 por Alianza Editorial, de Madri, Espanha

Copyright © 2017, Manuel Castells

Copyright da edição brasileira © 2018:
Jorge Zahar Editor Ltda.
rua Marquês de S. Vicente 99 – 1º | 22451-041 Rio de Janeiro, RJ
tel (21) 2529-4750 | fax (21) 2529-4787
editora@zahar.com.br | www.zahar.com.br

Todos os direitos reservados.
A reprodução não autorizada desta publicação, no todo
ou em parte, constitui violação de direitos autorais. (Lei 9.610/98)

Grafia atualizada respeitando o novo
Acordo Ortográfico da Língua Portuguesa

Preparação: Rosa Peralta | Revisão: Eduardo Monteiro, Tamara Sender
Capa: Estúdio Insólito | Imagem da capa: "Weight of Expectation",
© Alex Dunn/Coleção particular/Bridgeman Images

CIP-Brasil. Catalogação na publicação
Sindicato Nacional dos Editores de Livros, RJ

Castells, Manuel
C344r   Ruptura: a crise da democracia liberal/Manuel Castells; tradução
Joana Angélica d'Avila Melo. – 1.ed. – Rio de Janeiro: Zahar, 2018.

152p.; 19cm

Tradução de: Ruptura (La crisis de la democracia liberal)
Apêndice
ISBN 978-85-378-1764-3

1. Ciências sociais. 2. Ciências Políticas. I. Melo, Joana Angélica d'Avila. II. Título.

CDD: 320
18-48898   CDU: 32

Leandra Felix da Cruz – Bibliotecária – CRB-7/6135

Sumário

Nosso mundo, nossas vidas 7

1. A crise de legitimidade política: Não nos representam 11

   Era uma vez a democracia 11

   As raízes da ira 17

   A autodestruição da legitimidade institucional pelo processo político 26

2. Terrorismo global: a política do medo 29

3. A rebelião das massas e o colapso de uma ordem política 37

   Trump: os frutos da ira 39

   Brexit 58

   Um movimento antiestablishment: do Brexit a Corbyn 67

   Macronismo: o fim dos partidos na França 72

   A desunião europeia 81

   A Rede e o Eu 93

4. Espanha: movimentos sociais, fim do bipartidarismo e crise do Estado 96

   Uma democracia cansada 96

   O 15-M: "Não nos representam!" 99

Da crise de legitimidade à nova política 102

Da mudança política à mudança de política 106

Prolegômenos à grande coalizão: assassinato no Comitê Federal 110

Era uma vez a revolução na era da informação 115

Para além do neoliberalismo: a esquerda do século XXI 125

A questão catalã e a crise do Estado espanhol 131

A experiência espanhola e a reconstrução da legitimidade
democrática 142

5. No claro-escuro do caos 144

Apêndice: Para ler este livro 149

Nosso mundo, nossas vidas

SOPRAM VENTOS MALIGNOS no planeta azul. Nossas vidas titubeiam no turbilhão de múltiplas crises. Uma crise econômica que se prolonga em precariedade de trabalho e em salários de pobreza. Um terrorismo fanático que fratura a convivência humana, alimenta o medo cotidiano e dá amparo à restrição da liberdade em nome da segurança. Uma marcha aparentemente inelutável rumo à inabitabilidade de nosso único lar, a Terra. Uma permanente ameaça de guerras atrozes como forma de lidar com os conflitos. Uma violência crescente contra as mulheres que ousaram ser elas mesmas. Uma galáxia de comunicação dominada pela mentira, agora chamada pósverdade. Uma sociedade sem privacidade, na qual nos transformamos em dados. E uma cultura, denominada entretenimento, construída sobre o estímulo de nossos baixos instintos e a comercialização de nossos demônios.

Existe, porém, uma crise ainda mais profunda, que tem consequências devastadoras sobre a (in)capacidade de lidar com as múltiplas crises que envenenam nossas vidas: a ruptura da relação entre governantes e governados. A desconfiança nas instituições, em quase todo o mundo, deslegitima a representação política e, portanto, nos deixa órfãos de um abrigo que nos proteja em nome do interesse comum. Não é uma questão de opções políticas, de direita ou esquerda. A ruptura é mais profunda, tanto em nível emocional quanto cognitivo. Trata-se do colapso gradual de um modelo político de representação e governança: a democracia liberal que se havia consolidado nos dois últimos séculos, à custa de lágrimas, suor e sangue, contra os Estados autoritários e o arbítrio institucional. Já faz algum tempo, seja na Espanha, nos Estados Unidos, na Europa, no Brasil, na Coreia do Sul e em múltiplos países, assistimos a amplas mobilizações populares contra o atual sistema de partidos políticos e democracia parlamentar sob o lema "Não nos representam!". Não é uma rejeição à democracia, mas à democracia liberal tal como existe em cada país, em nome da "democracia real", como proclamou na Espanha o movimento 15-M. Um termo evocador que convida a sonhar, deliberar e agir, mas que ultrapassa os limites institucionais estabelecidos.

Dessa rejeição, em outros países, surgem lideranças políticas que, na prática, negam as formas partidárias existentes e alteram de forma profunda a ordem política nacional e mundial. Trump, Brexit, Le Pen, Macron (coveiro dos partidos) são expressões significativas de uma ordem (ou de um caos) pós-liberal. Assim como o é a total decomposição do sistema político do Brasil, país fundamental da América Latina. Ou de um México vítima do narcoestado. Ou de uma Venezuela pós-Chávez em quase guerra civil. Ou da democracia sul-coreana, com a destituição popular da corrupta presidente Park Geun-hye, entregue ao feitiço de Choi Soon-sil, a líder

Nosso mundo, nossas vidas 9

de uma seita ocultista. Ou de um presidente das Filipinas que pratica a execução sumária como forma de resolver a insegurança. Dessas crises institucionais surgiram na última década algumas revoluções populares que procuraram articular uma nova relação entre representação parlamentar e representação social, particularmente na Bolívia e no Equador. Mas em boa parte do mundo, em especial na China e na Rússia, consolidaram-se regimes autoritários que se constituem alternativas eficazes à democracia liberal. Ao mesmo tempo, o Oriente Médio é governado por teocracias (Irã, Arábia Saudita) ou por ditaduras (Egito, Síria), excetuando Israel, que está em guerra permanente com os territórios ocupados. E na Europa, na última década, produziu-se uma verdadeira reviravolta eleitoral em favor de partidos nacionalistas, xenófobos e críticos em relação aos partidos tradicionais que dominaram a política por meio século. Além do Brexit no Reino Unido e do colapso dos partidos franceses ante o macronismo, que analiso neste livro, recordarei a porcentagem de votos de partidos identitários e antiestablishment no período 2013-17: França, 21,3%; Dinamarca, 21,1%; Suécia, 12,9%; Áustria, 20,5%; Suíça, 29,4%; Grécia, 12%; Holanda, 13%. E partidos xenófobos governam, sozinhos ou em coalizão, na Polônia e na Hungria, na Noruega e na Finlândia. Na Itália, enquanto escrevo estas linhas, pesquisas apontam em primeiro lugar, para as eleições de 2018, o Movimento 5 Estrelas, de ideologia ambígua, mas claramente antiestablishment. Na Alemanha, a rocha da estabilidade europeia, Angela Merkel perdeu oito pontos percentuais nas eleições de setembro de 2017 e os social-democratas se reduziram a 20%, enquanto os neonazistas da Alternativa para a Alemanha obtiveram quase 13% e se tornaram a terceira força política. Em consequência, acabou-se a "grande coalizão" na Alemanha, com a retirada dos social-democratas de sua sempiterna e catastrófica aliança com a direita, surgindo um horizonte instável de difíceis alianças com o restante do espectro político, fracionado entre liberais, verdes e esquerda. Na raiz desse novo panorama político europeu e mundial, está a distância crescente entre a classe política e o conjunto dos cidadãos.

Este livro fala das causas e consequências da ruptura entre cidadãos e governos e da mãe de todas as crises: a crise da democracia liberal, que havia representado a tábua de salvação para superar naufrágios históricos de guerras e violência. Não oferecerei soluções, porque não as tenho. E porque são específicas de cada país. Mas, se a crise política que constato tem uma dimensão global, acima das características próprias de cada sociedade, teremos de pensar que se trata do colapso gradual de um modelo de representação. Um colapso que, se acentuado, nos deixaria por ora sem instrumentos legítimos para resolver coletivamente nossos graves problemas, no exato momento em que recrudesce o furacão sobre nossas vidas.

1. A crise de legitimidade política:
Não nos representam

Era uma vez a democracia

Democracia, escreveu faz tempo Robert Escarpit, é quando batem na sua porta às cinco da manhã e você supõe que é o leiteiro. Nós que vivemos o franquismo sabemos o valor dessa visão minimalista de democracia, que ainda não foi alcançada na maior parte do planeta. Contudo, após milênios de construção de instituições às quais possamos delegar o poder soberano que, teoricamente, nós cidadãos detemos, aspiramos a algo mais. E de fato é isso que o modelo de democracia liberal nos propõe. A saber: respeito aos direitos básicos das pessoas e aos direitos políticos dos cidadãos, incluídas as liberdades de associação, reunião e expressão, mediante o império da lei protegida pelos tribunais; separação de poderes entre Executivo, Legislativo e Judiciário; eleição livre, periódica e contrastada dos que ocupam os cargos decisórios em cada um dos poderes; submissão do Estado, e de todos os seus aparelhos, àqueles que receberam a delegação do poder dos cidadãos; possibilidade de rever e atualizar a Constituição na qual se plasmam os princípios das instituições democráticas. E, claro, exclusão dos poderes econômicos ou ideológicos na condução dos assuntos públicos mediante sua influência oculta sobre o sistema político. Por mais simples que o modelo pareça, séculos de sangue, suor e lágrimas foram o preço pago para chegar à sua realização na prática institucional e na vida social, mesmo levando em conta seus múltiplos desvios em relação aos princípios de representação que aparecem em letra miúda nas leis e na ação enviesada de parlamentares, juízes e governantes. Por exemplo, quase nenhuma lei eleitoral aplica o princípio de "uma pessoa, um voto" na correspondência entre o número de votos e o número de assentos. E a estrutura do Poder Judiciário depende indiretamente do sistema político, incluindo os tribunais que interpretam os princípios constitucionais. Na realidade, a democracia se constrói em torno das relações de poder social que a fundaram e vai se adaptando à evolução dessas relações, mas privilegiando o poder que já está cristalizado nas instituições. Por isso não se pode afirmar que ela é representativa, a menos que os cidadãos pensem que estão sendo representados. Porque a força e a estabilidade das instituições dependem de sua vigência na mente das pessoas. Se for rompido o vínculo subjetivo entre o que os cidadãos pensam e querem e as ações daqueles a quem elegemos e pagamos, produz-se o que denominamos crise de legitimidade política; a saber, o sentimento majoritário de que os atores do sistema político não nos representam. Em teoria, esse desajuste se autocorrige na democracia liberal com a pluralidade de opções e as eleições periódicas para escolher entre essas opções. Na

A *crise de legitimidade política* 13

prática, a escolha se limita àquelas opções que já estão enraizadas nas instituições e nos interesses criados na sociedade, com obstáculos de todo tipo aos que tentam acessar uma corriola bem-delimitada. E pior, os atores políticos fundamentais, ou seja, os partidos, podem diferir em políticas, mas concordam em manter o monopólio do poder dentro de um quadro de possibilidades preestabelecidas por eles mesmos. A política se profissionaliza, e os políticos se tornam um grupo social que defende seus interesses comuns acima dos interesses daqueles que eles dizem representar: forma-se uma classe política, que, com honrosas exceções, transcende ideologias e cuida de seu oligopólio. Além disso, os partidos, como tais, experimentam um processo de burocratização interna, predito por Robert Michels desde a década de 1920, limitando a renovação à competição entre seus líderes e afastando-se do controle e da decisão de seus militantes. E mais, uma vez realizado o ato da eleição, dominado pelo marketing eleitoral e pelas estratégias de comunicação, com escasso debate e pouca participação de militantes e eleitores, o sistema funciona autonomamente em relação aos cidadãos. Tão somente tomando o pulso da opinião, nunca vinculante, através de pesquisas cujo desenho é controlado pelos que as encomendam. Mesmo assim, os cidadãos votam, elegem e até se mobilizam e se entusiasmam por aqueles em que depositam esperanças, mudando volta e meia quando a esperança supera o medo de mudança, que é a tática emocional básica na manutenção do poder político. Mas a recorrente frustração dessas esperanças vai erodindo a legitimidade, ao mesmo tempo que a resignação vai sendo substituída pela indignação quando surge o insuportável. Quando, em meio a uma crise econômica, bancos fraudulentos são salvos com o dinheiro dos contribuintes, enquanto são reduzidos serviços básicos para a vida das pessoas. Com a promessa de que as coisas vão melhorar se elas aguentarem e seguirem engolindo, e, quando não é assim, é preciso romper com tudo ou aguentar tudo. E o rompimento fora das instituições tem um alto custo social e pessoal, demonizado por meios de comunicação que, em última análise, são controlados pelo dinheiro ou pelo Estado, apesar da resistência muitas vezes heroica dos jornalistas. Em situação de crise econômica, social, institucional, moral, aquilo que era aceito porque não havia outra possibilidade deixa de sê-lo. E aquilo que era um modelo de representação desmorona na subjetividade das pessoas. Só resta o poder descarnado de que as coisas são assim, e aqueles que não as aceitarem que saiam às ruas, onde a polícia os espera. Essa é a crise de legitimidade.

É o que está acontecendo na Espanha, na Europa e em grande parte do mundo. Mais de dois terços dos habitantes do planeta acham que os políticos não os representam, que os partidos (todos) priorizam os próprios interesses, que os parlamentos não são representativos e que os governos são corruptos, injustos, burocráticos e opressivos. Na percepção quase unânime dos cidadãos, a pior profissão que existe é a de político. Ainda mais quando se reproduzem eternamente e muito raro voltam à vida civil, enquanto puderem medrar pelos emaranhamentos da burocracia institucional. Esse sen-

A crise de legitimidade política 15

timento amplamente majoritário de rejeição à política varia segundo países e regiões, mas se verifica em todas as partes. Em países como os da Escandinávia, inclusive, onde a limpeza democrática tem sido uma referência geradora de esperança, já faz algum tempo que a tendência da opinião pública vai no mesmo sentido. Por isso, tomo a liberdade de remeter o leitor ao compêndio estatístico de fontes confiáveis que se encontra no site relacionado a este livro,* para que possa fazer suas próprias constatações em diversas áreas do mundo. Contudo, como o livro foi escrito e publicado originalmente na Espanha, ilustrarei aqui o argumento com alguns dados desse país. Se, em 2000, 65% dos cidadãos não confiavam nos partidos políticos, a desconfiança subiu para 88% em 2016. Em relação ao Parlamento, aumentou de 39% em 2001 para 77% em 2016, enquanto que, em relação ao governo, passou de 39% para 77% no mesmo período. E sublinho o fato de que esse desmoronamento da confiança se refere tanto a governos socialistas quanto a populares. De fato, a maior queda foi a de 80% de desconfiança em 2011, precipitando a debandada do governo do Psoe (Partido Socialista Operário Espanhol) com Rodríguez Zapatero. Embora em menor medida, mais da metade dos espanhóis também não confia no sistema legal (54% em 2016, em comparação com 49% em 2001). As autoridades regionais e locais tampouco se saem bem, embora neste caso tenha havido uma redução no grau de desconfiança, de seu máximo de

---

* Ver www.zahar.com.br/livro/ruptura.

79% em 2014 para 62% em 2017, após a eleição nos "municípios da mudança"* (liderados pelo Podemos e suas confluências) em 2015. Por fim, a polícia é a que tem a melhor avaliação. Somente 36% dos cidadãos revelavam desconfiança em 2014, e a tendência está em baixa: 24% em 2017. A intervenção policial contra a corrupção e o instinto de buscar uma ordem para além dos políticos parecem favorecer a ideia de que os servidores do Estado são mais confiáveis do que seus chefes. Não é de estranhar, visto que em 2016 quase três quartos dos espanhóis achavam que "os políticos não se preocupam com pessoas como eu" e que "não importa quem esteja no poder, eles sempre beneficiam seus interesses pessoais".

Pois bem, se as coisas são assim no âmbito mundial, mesmo ressalvando as diferenças, talvez seja esse o destino de qualquer instituição humana. E também da democracia liberal. Continuamos nos referindo frequentemente à célebre frase de Churchill em 1947, segundo a qual "a democracia é a pior forma de governo, com exceção de todas as outras formas que foram experimentadas de tempos em tempos". Pode ser. Contudo, para além de um debate metafísico sobre a essência da democracia, o que observo é que cada vez menos gente acredita nessa forma de democracia, a democracia liberal, ao mesmo tempo que a grande maioria continua defendendo o ideal democrático.

---

* Em espanhol, *municipios del cambio*. O autor refere-se aqui aos municípios que, em maio de 2015, elegeram governantes vindos de processos de mobilização popular, sem ligação com os partidos políticos tradicionais. Essas candidaturas venceram em muitas cidades, inclusive em Madri e Barcelona. (N.E.)

A crise de legitimidade política

Precisamente porque as pessoas querem crer na democracia, o desencanto é ainda mais profundo em relação à forma como a vivem. E desse desencanto nascem comportamentos sociais e políticos que estão transformando as instituições e as práticas de governança em toda parte. Isso é o que me parece importante analisar. Quanto à inevitabilidade da deturpação do ideal democrático, não creio ser muito útil filosofar sobre a malfadada natureza humana, discurso paralisante e justificador da continuidade desse estado de coisas. Mais relevante é investigar algumas das causas pelas quais a separação entre representantes e representados se acentuou nas duas últimas décadas, até chegar ao ponto de ebulição da rejeição popular aos que estão lá em cima, sem distinções. Algo que, do ponto de vista do establishment político e midiático, é pejorativamente denominado populismo, porque são comportamentos que não reconhecem os enviesados canais institucionais que se oferecem para a mudança política. Na realidade, as emoções coletivas são como a água: quando encontram um bloqueio em seu fluxo natural, abrem novas vias, frequentemente torrenciais, até inundar os exclusivos espaços da ordem estabelecida.

As raízes da ira

A crise da democracia liberal resulta da conjunção de vários processos que se reforçam mutuamente. A globalização da economia e da comunicação solapou e desestruturou as economias nacionais e limitou a capacidade do Estado-nação de responder em seu âmbito a problemas que são globais na origem, tais como as crises financeiras, a violação aos direitos humanos, a mudança climática, a economia criminosa ou o terrorismo. O paradoxal é que foram os Estados-nação a estimular o processo de globalização, desmantelando regulações e fronteiras desde a década de 1980, nas administrações de Reagan e Thatcher, nos dois países então líderes da economia internacional. E são esses mesmos Estados que estão recolhendo as velas neste momento, sob o impacto político dos setores populares que em todos os países sofreram as consequências negativas da globalização. Ao passo que as camadas profissionais de maior instrução e maiores possibilidades se conectam através do planeta em uma nova formação de classes sociais, que separa as elites cosmopolitas, criadoras de valor no mercado mundial, dos trabalhadores locais desvalorizados pela deslocalização industrial, alijados pela mudança tecnológica e desprotegidos pela desregulação trabalhista. A desigualdade social resultante entre valorizadores e desvalorizados é a mais alta da história recente. E mais, a lógica irrestrita do mercado acentua as diferenças entre capacidades segundo o que é útil ou não às redes globais de capital, de produção e de consumo, de tal modo que, além de desigualdade, há polarização; ou seja, os ricos estão cada vez mais ricos, sobretudo no vértice da pirâmide, e os pobres cada vez mais pobres. Essa dinâmica atua ao mesmo tempo nas economias nacionais e na economia mundial. Assim, embora a incorporação de centenas de milhões de

A crise de legitimidade política

pessoas no mundo de nova industrialização dinamize e amplie o mercado mundial, a fragmentação de cada sociedade e de cada país se acentua. Mas os governos nacionais, quase sem exceção até agora, decidiram unir-se ao carro da globalização para não ficarem de fora da nova economia e da nova divisão de poder. E, para aumentar a capacidade competitiva de seus países, criaram uma nova forma de Estado – o Estado-rede –, a partir da articulação institucional dos Estados-nação, que não desaparecem, mas se transformam em nós de uma rede supranacional para a qual transferem soberania em troca de participação na gestão da globalização. Esse é claramente o caso da União Europeia, a construção mais audaz do último meio século, como resposta política à globalização. Contudo, quanto mais o Estado-nação se distancia da nação que ele representa, mais se dissociam o Estado e a nação, com a consequente crise de legitimidade na mente de muitos cidadãos, mantidos à margem de decisões essenciais para sua vida, tomadas para além das instituições de representação direta.

A essa crise da representação de interesses se une uma crise identitária como resultante da globalização. Quanto menos controle as pessoas têm sobre o mercado e sobre seu Estado, mais se recolhem numa identidade própria que não possa ser dissolvida pela vertigem dos fluxos globais. Refugiam-se em sua nação, em seu território, em seu deus. Enquanto as elites triunfantes da globalização se proclamam cidadãs do mundo, amplos setores sociais se entrincheiram nos espaços culturais nos quais se reconhecem e nos quais seu valor depende de sua comunidade, e não de sua conta bancária. À fratura social se une a fratura cultural. O desprezo das elites pelo medo das pessoas de saírem daquilo que é local sem garantias de proteção se transforma em humilhação. E aí se aninham os germes da xenofobia e da intolerância. Com a suspeita crescente de que os políticos se ocupam do mundo, mas não das pessoas. A identidade política dos cidadãos, construída a partir do Estado, vai sendo substituída por identidades culturais diversas, portadoras de sentido para além da política.

As contradições latentes na economia e na sociedade transformadas pela globalização, a resistência identitária e a dissociação entre Estado e nação apareceram à luz da prática social na crise econômica de 2008-10. Porque as crises são momentos reveladores das falhas de um sistema e, portanto, exercem a mediação entre as tendências de fundo de uma sociedade, a consciência dos problemas e as práticas que emergem para modificar as tendências percebidas como prejudiciais às pessoas, embora sejam funcionais para o sistema. Na raiz da crise de legitimidade política está a crise financeira, transformada em crise econômica e do emprego, que explodiu nos Estados Unidos e na Europa no outono de 2008. Foi, na realidade, a crise de um modelo de capitalismo, o capitalismo financeiro global, baseado na interdependência dos mercados mundiais e na utilização de tecnologias digitais para o desenvolvimento de capital virtual especulativo que impôs sua dinâmica de criação artificial de valor à capacidade produtiva da economia de bens e serviços. De fato, a espiral especulativa fez colapsar uma parte substancial do sistema finan-

A crise de legitimidade política

ceiro e esteve prestes a gerar uma catástrofe sem precedentes. À beira do precipício, os governos, com nosso dinheiro, salvaram o capitalismo. Exemplo: uma das instituições literalmente quebradas foi a AIG (American International Group), que era a seguradora da maior parte dos bancos no mundo. Se tivesse caído, tal como o Lehman Brothers, teria arrastado o conjunto do sistema. A AIG foi salva pelo governo dos Estados Unidos (com a anuência de Obama, que era presidente eleito), que comprou 80% de suas ações – na prática, uma nacionalização. E assim, país a país, os governos foram intervindo, evidenciando a falácia da ideologia neoliberal que argumenta a nocividade da intervenção do Estado nos mercados. De fato, as arriscadas práticas especulativas não assumem nenhum risco porque sabem que as grandes empresas financeiras serão resgatadas em caso de necessidade. E seus executivos continuarão recebendo bônus astronômicos, incluídas compensações multimilionárias por mudarem de emprego. Além disso, mesmo em caso de fraude, costumam sair livres, leves e soltos. Tal como pensavam na Espanha os executivos do Bankia ou de muitas entidades de poupança, até que a onda de indignação em todo o país os atingiu.

A crise econômica e as políticas que a geriram na Europa foram um elemento-chave na crise de legitimidade política. Primeiro pela magnitude da crise, que das finanças se estendeu à indústria pelo fechamento da torneira do crédito, sobretudo para as pequenas e médias empresas, as principais empregadoras. Alcançaram-se índices de desemprego nunca vistos, que afetaram sobretudo os jovens. Na Espanha, centenas de milhares tiveram que emigrar, e os que por fim arranjaram trabalho precisaram aceitar condições de precariedade que prolongaram suas dificuldades de vida por tempo indeterminado.

Porém, ainda mais daninhas e reveladoras foram as políticas de austeridade impostas pela Alemanha e pela Comissão Europeia, colocando uma camisa de força de modelo germânico sem atentar para as condições de cada país. Ali se gestou a desconfiança profunda em relação à União Europeia, que apareceu como instrumento de disciplina mais que de solidariedade. A injustiça foi ainda maior porque foram tapados buracos financeiros derivados da especulação e do abuso por parte dos responsáveis no caso da Espanha, com a permissividade do Banco de España, ao mesmo tempo que se cortavam severamente os gastos em saúde, educação e pesquisa. De modo que o Estado protetor priorizou a proteção dos especuladores e fraudadores sobre as necessidades dos cidadãos, golpeados pela crise e pelo desemprego. E, embora o caso da Espanha seja particularmente lancinante, porque Zapatero e Mariano Rajoy chegaram a mudar a sacrossanta Constituição segundo os ditames de Angela Merkel e da Comissão Europeia em troca da recuperação dos bancos e da dívida pública, o mesmo tipo de práticas de austeridade se impôs em toda a Europa. Mas não nos Estados Unidos, onde a administração de Obama aumentou o gasto público, sobretudo em infraestrutura, educação e inovação, permitindo que o país saísse da crise muito antes da Europa. No contexto europeu, a crise econômica se estendeu à crise do Estado de bem-estar, com a participação da social-

A crise de legitimidade política 23

democracia nas políticas que conduziram a essa situação. Algo que cobrou um preço decisivo na França, na Alemanha, na Escandinávia, no Reino Unido, na Holanda e também na Espanha, onde as bases socialistas se sentiram traídas, aumentando a desconfiança política nos partidos tradicionais.

E no momento em que mais sacrifícios foram exigidos dos cidadãos para sair da crise, em alguns países, e em particular na Espanha, começou-se a revelar uma série de casos de corrupção política que acabou por minar radicalmente a confiança nos políticos e nos partidos. Em boa parte, os escândalos se incrementaram nas administrações do Partido Popular, que chegou ao governo em novembro de 2011 e aproveitou o controle político sobre a Justiça para tentar deter as investigações de corrupção em todos os níveis do Estado. Contudo, o profissionalismo das forças policiais, como a Guardia Civil, permitiu trazer à luz pelo menos uma parte importante da corrupção sistêmica que corrói a política, nas chamadas tramas Gürtel, Púnica, Lezo e muitas outras.

Em todos os casos, combinavam-se o financiamento ilegal do PP e o lucro pessoal de dirigentes e intermediários, especialmente na Comunidade de Madri e na Comunidade Valenciana, que estabeleceram, segundo a Guardia Civil, uma organização criminosa de apropriação de fundos públicos e propinas de empresas. Mas a corrupção foi além do PP, chegando inclusive à Coroa e motivando, em parte, a abdicação do rei Juan Carlos, ainda que ele não estivesse pessoalmente envolvido. Simultaneamente, revelou-se a corrupção sistêmica do partido nacionalista catalão de Jordi Pujol, no poder durante 23 anos, que estabeleceu uma propina de 3% a 5% sobre obras públicas, em benefício próprio e de alguns de seus dirigentes, começando pela família presidencial, regida pela autodenominada "Madre Superiora". O Psoe também não se salvou, particularmente na Andaluzia, onde sua vitoriosa máquina eleitoral se lubrificou durante anos mediante subsídios fraudulentos de emprego e formação em prol do partido. O asco pela corrupção sistêmica da política foi um fator determinante na falta de confiança em representantes que eram pagos pelos próprios cidadãos e que, contudo, se proporcionavam um generoso salário extra aproveitando-se do cargo e espoliando as empresas.

Embora a política espanhola seja uma das mais corruptas da Europa, a corrupção é um traço geral de quase todos os sistemas políticos, inclusive nos Estados Unidos e na União Europeia, e um dos fatores que mais contribuíram para a crise de legitimidade. Se os que devem aplicar as regras de convivência não as seguem, como continuar delegando a eles nossas atribuições e pagando nossos impostos? Costuma-se argumentar que se trata apenas de algumas maçãs podres e que isso é normal, levando em conta a natureza humana. Porém, com algumas exceções, como a Suíça e a Escandinávia (mas não a Islândia), a corrupção é uma característica sistêmica da política atual. É possível que tenha sido sempre assim, mas supõe-se que a extensão da democracia liberal deveria tê-la atenuado em vez de fazê-la crescer, como parece ser o caso, segundo os relatórios da Transparência Internacional. Por que é assim? Em parte, isso se deve ao alto custo da política informacional e midiática, que analisarei

A crise de legitimidade política 25

alguns parágrafos adiante. Não há correspondência entre o financiamento legal dos partidos e o custo da política profissional. Mas é difícil aumentar as cotas do orçamento público atribuídas aos partidos considerando-se a pouca estima dos cidadãos. É o peixe que morde a própria cauda: não se deve pagar mais aos corruptos, portanto, os políticos têm que se tornar corruptos para pagar sua atividade e, em alguns casos, obter um pecúlio por intermédio desta. Existe, porém, algo mais profundo. É a ideologia do consumo como valor e do dinheiro como medida do sucesso que acompanha o modelo neoliberal triunfante, centrado no indivíduo e em sua satisfação imediata monetizada. Na medida em que as ideologias tradicionais – fossem as igualitaristas da esquerda ou aquelas a serviço dos valores da direita clássica – perderam firmeza, a busca do sucesso pessoal através da política relaciona-se com a acumulação pessoal de capital aproveitando o período em que o indivíduo detém posições de poder. Com o tempo, o cinismo da política como manipulação deriva em um sistema de recompensas que se alinha com o mundo do ganho empresarial na medida em que se concebe a política como uma empresa. Por fim, não há corruptos sem corruptores, e em todo o mundo a prática das grandes empresas inclui comprar favores ao regulador ou ao contratador de obra pública. E como muitos o fazem, é preciso entrar no jogo para poder competir. Assim, a separação entre o econômico e o político se esfuma e as proclamadas grandezas da política costumam servir para disfarçar suas misérias.

A autodestruição da legitimidade institucional pelo processo político

A luta pelo poder nas sociedades democráticas atuais passa pela política midiática, pela política do escândalo e pela autonomia comunicativa dos cidadãos. Por um lado, a digitalização de toda a informação e a interconexão modal das mensagens criaram um universo midiático no qual estamos permanentemente imersos. Nossa construção da realidade e, por conseguinte, nosso comportamento e nossas decisões dependem dos sinais que recebemos e trocamos nesse universo. A política não é uma exceção a essa regra básica da vida na sociedade-rede na qual entramos em cheio. Na prática, só existe a política que se manifesta no mundo midiático multimodal que se configurou nas duas últimas décadas. Nesse mundo, as mensagens midiáticas que formam opinião devem ser extremamente simples. Sua elaboração é posterior ao seu impacto. A mensagem mais impactante é uma imagem. E a imagem mais sintética é um rosto humano, no qual nos projetamos a partir de uma relação de identificação que gera confiança. Porque, como sabemos, aprendendo da neurociência mais avançada, a política é fundamentalmente emocional, por mais que isso pese aos racionalistas ancorados em um Iluminismo que há tempos perdeu seu brilho. A partir desse primeiro reflexo emocional que marca nosso universo visual emocional, procedemos ao processo cognitivo de elaboração e decisão. A impressão vai se tornando opinião. E se confirma ou se desmente na elabo-

A crise de legitimidade política 27

ração do debate contínuo que acontece nas redes sociais em interação com a mídia. A comunicação de massa se modela mediante a autocomunicação de massa através da internet e das plataformas wi-fi onipresentes em nossa prática. A dinâmica de construção de uma mensagem simples e facilmente debatível em um universo multiforme conduz à personalização da política. É em torno da liderança possível de alguém que se constrói a confiança na bondade de um projeto. Assim, a forma de luta política mais eficaz é a destruição dessa confiança através da destruição moral e da imagem de quem se postula como líder. As mensagens negativas são cinco vezes mais eficazes em sua influência do que as positivas. Portanto, trata-se de inserir negatividade de conteúdos na imagem da pessoa que se quer destruir, a fim de eliminar o vínculo de confiança com os cidadãos. Daí a prática de operadores políticos profissionais no sentido de buscar materiais prejudiciais para determinados líderes políticos, manipulando-os e até fabricando-os para aumentar o efeito destrutivo. Tal é a origem da política do escândalo – descrita e teorizada pelo sociólogo de Cambridge John Thompson – que aparece no primeiro plano dos processos políticos de nosso tempo em todos os países. E, como é preciso estar prevenido para ataques insidiosos, todo mundo acumula munição e, por ofensa ou por defesa, todos acabam entrando no jogo da política escandalosa, por trás de cuja cortina opaca desaparecem os debates de fundo. Na realidade, os estudos demonstram que isso já é algo tão habitual que as vitórias ou derrotas dos políticos não seguem necessariamente o curso dos escândalos. Frequentemente, a pessoa acaba preferindo "seu corrupto" em vez do corrupto "do vizinho da frente" – como todos o são, na percepção geral, tal atributo acaba sendo descontado, salvo os casos de políticos virgens, cuja auréola pode durar algum tempo. Embora os efeitos da política do escândalo sobre políticos específicos sejam indeterminados, tal política gera um efeito secundário que é devastador: o de inspirar o sentimento de desconfiança e reprovação moral sobre o conjunto dos políticos e da política, contribuindo assim para a crise de legitimidade. E como num mundo de redes digitais em que todos podem se expressar não há outra regra além da autonomia e da liberdade de expressão, os controles e censuras tradicionais se desativam, as mensagens de todo tipo formam uma onda bravia e multiforme, os *bots* multiplicam e difundem imagens e frases lapidares aos milhares, e o mundo da pós-verdade, do qual a mídia tradicional acaba participando, transforma a incerteza na única verdade confiável: a minha, a de cada um. A fragmentação da mensagem e a ambiguidade da comunicação remetem a emoções únicas e pessoais constantemente realimentadas por estratégias de destruição da esperança. Para que tudo continue igual. Ainda que o principal efeito dessa cacofonia político-informativa seja o questionamento de tudo aquilo que não podemos verificar pessoalmente. O vínculo entre o pessoal e o institucional se rompe. O círculo se fecha sobre si mesmo. Enquanto isso, procuramos às cegas uma saída que nos devolva aquela democracia mítica que pode ter existido em algum lugar, em algum tempo.

2. Terrorismo global: a política do medo

O MEDO É A MAIS PODEROSA das emoções humanas. E sobre essa emoção atua o terrorismo indiscriminado, aquele que mata, mutila, fere, sequestra ou aliena em qualquer tempo e espaço para aninhar o medo na mente das pessoas. Seus efeitos sobre a política são profundos, porque onde há medo surge a política do medo. A saber, a utilização deliberada do óbvio desejo que as pessoas têm de proteção para estabelecer um estado de emergência permanente que corrói e por fim nega na prática as liberdades civis e as instituições democráticas. Terrorismo, medo e política, embora sempre tenham formado um sinistro *ménage à trois*, foram ocupando nas duas últimas décadas o frontispício da vida cotidiana, de tal modo que, em muitos países, entramos em um mundo no qual as crianças crescem no medo. E no qual os cidadãos aceitam que os vigiem e os controlem eletronicamente, que os revistem em suas viagens, que os detenham preventivamente, que militarizem o espaço público. Porque essas precauções são sempre em relação "aos outros", àqueles cuja etnia ou religião os torna suspeitos de ser suspeitos. Paulatinamente, o que constitui exceção por motivos de segurança vai se transformando na regra que rege nossas vidas.

29

O terrorismo não tem outra ideologia que não seja a exaltação da morte, uma mentalidade legionária de múltiplas encarnações. Na Espanha, sofremos o do ETA e o dos GAL; na Colômbia, o de guerrilheiros e paramilitares; no México, o dos cartéis criminosos e do narcoestado; no Chile, o dos sicários de Pinochet; no Oriente Médio, o de palestinos e israelenses. E tantos outros. Mas o que se instalou no âmbito global e transformou a vida política é o terrorismo de origem islâmico-fundamentalista e o contraterrorismo dos Estados, que fizeram do planeta um campo de batalha onde sobretudo morrem civis e sobretudo morrem muçulmanos. Na origem desse terrorismo específico está a humilhação de muitos muçulmanos, desprezados pela cultura ocidental, como explicou magistralmente Edward Said em seu livro *Orientalismo*, e oprimidos por ditaduras militares a serviço dos poderes mundiais. Mas sua articulação como força combatente foi o resultado dos aprendizes de feiticeiro da CIA, do Mossad, do ISI paquistanês e do serviço de inteligência saudita nos últimos estertores da Guerra Fria. Para derrotar a União Soviética no Afeganistão, os Estados Unidos, o Paquistão e a Arábia Saudita armaram e organizaram os senhores da guerra afegãos e recrutaram milhares de voluntários islâmicos dispostos a morrer na luta contra o ateísmo comunista. Concentraram-nos no Paquistão, em campos de treinamento geridos por uma organização chamada Al-Qaeda (a Base), dirigida por um agente da inteligência saudita, profundamente religioso e membro de uma família eminente, encarregada da conservação dos lugares sagrados do

Terrorismo global 31

islã. Seu nome: Osama Bin Laden. A estratégia funcionou, os soviéticos perderam sua primeira guerra no Afeganistão, como tantos outros que tentaram conquistar esse país, e sua influência e moral sofreram um duro golpe. Mas os Estados Unidos subestimaram a determinação e os objetivos de Bin Laden e seus *mujahidin*. Derrotada a União Soviética, estes voltaram suas armas contra o Grande Satã. Derrotados os Estados Unidos, a *jahiliyya* (ignorância em relação a Deus) seria eliminada do mundo e a *umma* (comunidade global dos crentes no deus verdadeiro) poderia finalmente se constituir. Mas a tarefa era árdua e a longo prazo, em uma confrontação assimétrica na qual o terrorismo era a arma essencial, porque, como disse Bin Laden, os mártires islâmicos não têm medo da morte, ao passo que nós ocidentais nos apegamos à vida. O ponto de inflexão foi o audaz e bárbaro ataque aos Estados Unidos em 11 de setembro de 2001. Um dia que mudou o mundo para sempre. Bin Laden procurava infundir nos jovens muçulmanos a coragem de enfrentar os Estados Unidos mediante a ação exemplar de atacar seus centros de poder. E conseguiu. Mas também tentava provocar os Estados Unidos para que seus soldados fossem morrer nas areias do deserto e nas montanhas do Afeganistão. E também conseguiu. Para isso, contou com a estúpida colaboração dos estrategistas neoconservadores americanos e das empresas petrolíferas, que viram a oportunidade de acabar com Saddam Hussein e impor seu controle sobre o Oriente Médio. Não tanto pelo petróleo, que têm assegurado na península Arábica e poderiam obter de Saddam

Hussein, mas para assentar definitivamente seu poder sobre uma região essencial para a economia mundial e para os comerciantes de petróleo. Embora o ataque de 11 de setembro tivesse partido do Afeganistão, a resposta americana se centrou em ocupar o Iraque, sob o pretexto da escandalosa fabricação da mentira sobre a existência de armas de destruição em massa. George W. Bush, Tony Blair e José María Aznar passarão à história como os cínicos irresponsáveis que acenderam o pavio da guerra no Iraque, a qual se estendeu por todo o Oriente Médio. A invasão desestabilizou o Iraque, sem conseguir dominá-lo, e acentuou o secular confronto entre sunitas e xiitas, com o paradoxal efeito de estabelecer um governo xiita aliado do Irã e sustentado por suas milícias, uma vez que as tropas americanas tiveram de recuar ante a oposição à guerra que contribuiu para levar Obama à Presidência. Das ruínas do Iraque surgiu uma nova e temível organização terrorista-militar, o Estado Islâmico, que uniu quadros militares sunitas do regime de Saddam, humilhados e encarcerados pelos Estados Unidos, aos restos da Al-Qaeda no Iraque e às tribos sunitas submetidas ao abuso do governo xiita. O Estado Islâmico se construiu territorialmente, à diferença da Al-Qaeda, aproveitando o vazio de poder no Iraque e mais tarde na Síria. Neste último país, o movimento democrático surgido em 2011 contra a ditadura de Bashar al-Assad foi manipulado e fracionado por diferentes potências. De um lado, pela Arábia Saudita, pela Jordânia e pelo Qatar em sua estratégia contra o xiismo e contra o Irã. De outro, pelos Estados Unidos procurando derrubar Assad, aliado da Rússia e do Irã. A

Terrorismo global

violenta repressão de Assad, apoiada militarmente pela Rússia e pela Guarda Revolucionária iraniana, debilitou a resistência democrática e deixou os insurgentes à mercê da influência de diversas milícias islâmicas apoiadas por diferentes Estados e redes islamistas. Em meio a essa decomposição, o Estado Islâmico, dirigido por Al-Baghdadi, um teólogo iraquiano torturado pelos americanos na infame prisão de Abu Ghraib, conseguiu uma série de vitórias militares e estabeleceu um califado de vocação global, com a capital na cidade síria de Raqqa, resistindo durante longo tempo ao assalto combinado dos bombardeios americanos e russos, do exército de Assad, das milícias sírias e dos peshmergas curdos, com a intervenção pontual da Turquia. O exemplo do poder do califado e sua eficaz campanha de propaganda e recrutamento pela internet atraíram milhares de candidatos ao martírio, jovens islâmicos de todo o mundo, mas sobretudo da Europa. E foi aqui que se produziu uma conexão-chave, que está na base da difusão do terrorismo nas sociedades europeias, com efeitos decisivos na política dos países democráticos ocidentais. A decomposição do Iraque e da Síria, com a sequela de centenas de milhares de vítimas e milhões de refugiados, se combinou com a explosão da raiva contida de jovens muçulmanos europeus que viram na barbárie do Estado Islâmico a catarse purificadora de uma existência marginalizada e oprimida na dupla negação de sua identidade como europeus e como muçulmanos. Seus atos destruíram a convivência, induziram o estado de alerta permanente em toda a Europa e acarretaram uma onda de xenofobia e islamofobia que transformou o cenário político europeu.

Os atos terroristas que se sucedem desde 2014 nas principais cidades europeias (na Espanha, desde 2004) surgem da confluência de três fontes. Por um lado, a situação de marginalização e discriminação laboral, educacional, territorial, política e cultural dos quase 20 milhões de muçulmanos da União Europeia, mais da metade dos quais são nascidos na Europa. Apesar disso, não são reconhecidos como tais na vida cotidiana, ao mesmo tempo que sua religião é estigmatizada pelos seus concidadãos. Por isso, a maioria dos atentados se produz nos países onde eles têm maior peso na população, como França, Bélgica, Alemanha ou Reino Unido, sem significar que os outros países estejam imunes a uma intensa atividade jihadista: recordemos Barcelona e Cambrils. Em segundo lugar, a referência a um jihad global, antes simbolizado pela Al-Qaeda, depois pelo Estado Islâmico, ou pelo Boko Haram na África, cujas imagens na internet acompanham, informam e às vezes põem em contato jovens muçulmanos em busca de sentido, na Europa e em todo o mundo. Em terceiro lugar, porém, é essa busca de sentido que parece ser a motivação mais profunda que conduz à radicalização, o processo pessoal pelo qual alguém passa da raiva e da revolta ao projeto de martírio e à prática terrorista. Uma prática frequentemente executada de forma individual ou com familiares e amigos, mas em geral induzida coletivamente em lugares de culto, na doutrinação por parte de imames que manipulam seus discípulos, em chats da internet, nos cárceres ocidentais ou em viagens às terras prometidas do

Terrorismo global

islã em luta. Mas o que é esse sentido? E de onde provém essa necessidade de busca? O sociólogo Farhad Khosrokhavar, o melhor analista do martírio islâmico, entrevistou nas prisões francesas centenas de jovens radicalizados. E o que encontrou foi uma narrativa sistemática sobre o vazio da vida deles nas apodrecidas sociedades consumistas do Ocidente, na pobreza das relações humanas, na luta cotidiana por sobreviver no nada e para nada. No fundo, uma angústia existencial típica de todas as juventudes de sociedades em crise, mas agravada pela situação específica de não pertencer a nenhum país, a nenhuma cultura, até se encontrar nesse islã mítico que abarca todas as promessas de subjetividade em um ato totalizante e no qual o sacrifício do humano dá sentido à sua humanidade. E mais, tal como assinala Michel Wieviorka, essa busca não é exclusiva dos muçulmanos: estende-se a muitos jovens europeus originalmente não muçulmanos que vivem existências igualmente desprovidas de sentido e que pensam encontrá-lo nessa mutação para um absoluto religioso purificador. Daí os milhares de europeus de origem, homens e mulheres, que vão morrer na Síria e que, se retornarem àquele que nunca foi seu lar, continuam no projeto islâmico e na radicalização terrorista. Por isso o terrorismo islâmico global, com manifestações ainda mais violentas no Oriente Médio, no Magreb, na Ásia, na África, onde quer que haja milhões de muçulmanos, se transformou num traço permanente de nossas sociedades. E a repressão policial, inclusive militar, pode castigá-lo e atenuá-lo, mas não detê-lo.

E pior: quanto mais se estigmatizar o conjunto da comunidade muçulmana com medidas de prevenção, mais se alimentará a radicalização de seus jovens, com efeitos devastadores na prática da democracia liberal. Porque um estado de emergência permanente justifica no imaginário coletivo a restrição sistemática das liberdades civis e políticas, criando uma ampla base social para a islamofobia, a xenofobia e o autoritarismo político. Talvez seja esse o objetivo implícito da rebelião jihadista: expor a crua realidade discriminatória e a hipocrisia política da democracia liberal. Para que a comunidade religiosa planetária possa triunfar onde são sublimadas as pecaminosas paixões da cristandade colonialista (os *cruzados*), em um sabá de violência e crueldade do qual ressurjamos purificados por obra e graça dos mártires que se sacrificaram para resgatar a humanidade de seu vazio moral. Tal é a falta de sentido dessa busca de sentido. E assim é que a democracia liberal, já debilitada por sua própria prática, vai sendo solapada pela negação de seus princípios, forçada pelo assalto do terrorismo.

3. A rebelião das massas e o colapso de uma ordem política

O TEMOR DA GLOBALIZAÇÃO incita a buscar refúgio na nação. O medo do terrorismo predispõe a invocar a proteção do Estado. O multiculturalismo e a imigração, dimensões essenciais da globalização, induzem o chamamento à comunidade identitária. Nesse contexto, a desconfiança nos partidos e nas instituições, construídos em torno dos valores e interesses de outra época, deriva em uma busca por novos atores políticos nos quais seja possível crer. Em todas as sociedades, os setores sociais mais vulneráveis são os que reagem, movidos pelo medo, à mais poderosa das emoções, e se mobilizam em torno daqueles que dizem aquilo que o discurso das elites não lhes permite dizer. Daqueles que, sem rodeios, articulam um discurso xenófobo e racista. Daqueles que apelam para a força do Estado como forma de resolver as ameaças. Daqueles que simplificam os problemas mediante a oposição entre o em cima e o embaixo. E daqueles que denunciam a corrupção imperante em todo canto, embora em muitos casos eles e elas façam parte dessa mesma corrupção.

É assim que a crise de legitimidade democrática foi gerando um discurso do medo e uma prática política que propõe voltar ao início. Voltar ao Estado como centro da decisão, acima das oligarquias econômicas e das redes globais. Voltar à nação como comunidade cultural da qual são excluídos os que não compartilham valores definidos como originários. Voltar à raça, como fronteira aparente do direito ancestral da etnia majoritária. Voltar, também, à família patriarcal, como instituição primeira de proteção cotidiana diante de um mundo em caos. Voltar a Deus como fundamento. E, nesse processo, reconstruir as instituições de coexistência em torno desses pilares herdados da história e agora ameaçados pela transformação multidimensional de uma economia global, uma sociedade de redes, uma cultura de mestiçagem e uma política de burocracias partidárias. A reconstrução parte de uma afirmação encarnada num líder ou numa causa que surge em contradição com as instituições deslegitimadas. A nova legitimidade funciona por oposição. E se constrói em torno de um discurso que projeta uma rejeição geral ao estado de coisas, prometendo a salvação por meio da ruptura com essa ordem incrustada nas instituições e com essa cultura das elites cosmopolitas, suspeitas de desmantelar as últimas defesas da tribo ante a invasão do desconhecido.

Essa é a raiz comum às diversas manifestações que, em diferentes países, estão transformando a ordem política estabelecida. É o que encontramos na absurda ascensão de um personagem estrambótico, narcisista e grosseiro como Trump à Presidência imperial dos Estados Unidos. Na inacreditável secessão do Reino Unido em relação à União Europeia. Nas ten-

A rebelião das massas e o colapso de uma ordem política 39

sões nacionalistas extremas que ameaçam destruir essa mesma União Europeia. Na desintegração súbita do sistema político francês, com a destruição de partidos que haviam dominado a cena política francesa e europeia durante meio século. E, de maneira diferente e com valores contraditórios, também há elementos de rejeição antissistêmica na transformação do sistema político espanhol herdado da transição democrática. Não confundo todos esses atores em uma amálgama mal-intencionada. A emergência de novos atores políticos com valores progressistas alternativos, como o Podemos e suas confluências na Espanha, a partir dos movimentos sociais contra a crise e contra o monopólio do Estado pelo bipartidarismo, se distingue radicalmente das expressões xenófobas e ultranacionalistas de outros países. Mas faz parte de um movimento mais amplo e mais profundo de rebelião das massas contra a ordem estabelecida. Daí a necessidade de analisar essa rebelião em sua diversidade, levando em consideração a especificidade de cada país, e ao mesmo tempo detectando os fatores comuns subjacentes à ruptura da ordem política liberal.

Trump: os frutos da ira

Como foi possível? Como pode ter sido eleito para a Presidência mais poderosa do mundo um bilionário tosco e vulgar, especulador imobiliário envolvido em negócios sujos, ignorante da política internacional, depreciativo da conservação do planeta, nacionalista radical, abertamente sexista, homofóbico e racista? Pois precisamente por isso. Porque em seu discurso e em sua pessoa, transcendendo os partidos, se reconheceram milhões cujas vozes haviam sido apagadas pela "correção política" das elites cosmopolitas que haviam monopolizado a política, a cultura e a economia do país. Porém, antes de concluir que os americanos são uma corja de fascistas, recordemos que, nas duas eleições anteriores, eles escolheram um presidente negro e progressista. O que aconteceu então? O que mudou na sociedade e na política dos Estados Unidos? A análise da inacreditável ascensão de Donald Trump ao vértice do poder americano, e por conseguinte mundial, é fundamental para entender a profundidade da crise da democracia liberal e perceber suas consequências.

Como aconteceu: a campanha eleitoral

Quando Trump, que havia sido do Partido Democrata, se apresentou às primárias presidenciais do Partido Republicano, poucos o consideraram um candidato com possibilidades. Para começar, o partido lhe era abertamente hostil, e a hostilidade era recíproca. Desde o início, Trump se situou acima do establishment político, tanto republicano como democrata, e se voltou diretamente para o povo. Não precisava de dinheiro, pois o tinha de sobra. E a rejeição de seu próprio partido o ajudou na estratégia de se mostrar livre de vínculos prévios.

A rebelião das massas e o colapso de uma ordem política 41

Em fevereiro de 2016, pouco antes do início da campanha das primárias em Iowa, nem um só governador ou congressista o apoiava. Jeb Bush, Ted Cruz e Marco Rubio dividiam as simpatias das diferentes correntes republicanas, incluindo os populistas do Tea Party, que apoiavam Cruz e Rubio. No total, doze candidatos concorreram às primárias. E todos foram sendo amplamente derrotados por Trump nas votações. Para começar, o candidato da elite republicana, o seguinte da dinastia Bush, que, apesar de um substancial apoio político e financeiro, logo teve de se retirar a fim de deixar o terreno livre para o nacionalismo populista e xenófobo repartido entre Trump, Cruz e Rubio, com o moderado Kasich como figura decorativa. Trump passou a perna em todos ao entrar na campanha atacando diretamente a imigração e denunciando os mexicanos como ladrões, estupradores e narcotraficantes. E simbolizou sua xenofobia com a promessa de construir um muro intransponível ao longo da fronteira com o México. Imagem poderosa que excitou os temerosos da imigração. Ou seja: ele se atreveu a ir até o fim na lógica xenófoba, dizendo em voz alta o que muitos pensavam. Tampouco se constrangeu em insultar Carly Fiorina, a única candidata mulher, e em ridicularizar seus oponentes. E quando suas opiniões ofensivas sobre as mulheres se tornaram públicas, o fervor de seus seguidores e seguidoras as minimizou como brincadeiras, ao mesmo tempo que, para o machismo imperante em muitos setores, soaram como liberação masculina. Por fim, Trump identificou a globalização como inimigo do povo, ecoando um sentimento geral, sobretudo entre os trabalhadores. E ainda teve o topete (termo bem apropriado) de responsabilizar seus amigos financistas de Wall Street pela miséria das pessoas. Acrescentando a essa tese um discurso contra a intervenção militar no mundo para não desperdiçar vidas americanas em benefício de povos que não merecem isso, aproximou-se paradoxalmente do discurso tradicional da esquerda: antiglobalização e antiguerra. Havendo tocado todos os registros de insatisfação popular com a maior falta de vergonha, em 24 de maio, quase sem oposição, ele tinha obtido delegados suficientes para ganhar a indicação na Convenção Republicana. Mesmo assim, o aparelho republicano tentou encontrar formas de bloqueá-la, por temer uma catástrofe na eleição geral e por discordar do programa de isolamento econômico e político. Mas não se atreveu a enfrentar as hostes militantes do trumpismo, que, àquela altura, estavam acaloradas. E assim foi que chegou o momento da verdade entre ele e Hillary Clinton. O erro estratégico dos democratas foi impor uma Clinton, estreitamente ligada ao establishment político e financeiro, como adversária de um candidato antiestablishment. Alguns estudos assinalam que Bernie Sanders, o senador social-democrata de Vermont, que representava um movimento antiestablishment de esquerda, e abertamente sabotado pelo aparelho democrata, teria obtido um resultado melhor do que Hillary Clinton, reforçado pela mobilização dos jovens. Jovens que, sem seu candidato, se abstiveram de votar em Hillary numa proporção suficiente para explicar parcialmente a derrota dela. Inclusive as mu-

A rebelião das massas e o colapso de uma ordem política 43

lheres jovens não se viram representadas por uma candidata estreitamente associada a Wall Street. No início da campanha, apesar de tudo, a imagem negativa de Trump entre a maioria das mulheres e entre as minorias étnicas dava a Hillary uma clara vantagem. Mesmo assim, Trump não se deu ao trabalho de estabelecer escritórios de campanha em cada estado nem de somar políticos à sua causa. Hillary arrecadou 1 bilhão de dólares, o dobro de Trump. E também duplicou, em relação a ele, o número de escritórios de campanha. Mas Trump liderou um movimento. Sua relação com o eleitorado foi direta, em comícios para multidões, com discursos incendiários. E sua estratégia, fundamentalmente midiática. Ele descobriu, desde as primárias, como estar sempre na mídia sem necessidade de pagar por ela. A troco de declarações escandalosas e polêmicas que as redes sociais amplificavam e os meios de comunicação se apressavam em reportar, geralmente para criticá-las. Trump entendeu, por sua própria experiência midiática, que o essencial é estar na mídia, sobretudo na televisão, mesmo que seja de forma negativa. Foi essa presença constante que monopolizou a discussão em torno dele, de sua pessoa, do que se dizia dele e do que ele respondia. Sua personalidade de narcisista patológico conseguiu que não se falasse de conteúdos ou mesmo de Hillary Clinton, mas dele. Toda a campanha girou em torno de Trump, de sua mensagem simplificadora e da débil e previsível resposta de Hillary. Ela venceu os debates na televisão (em parte pelo apoio de jornalistas aborrecidos com Trump), mas perdeu o protagonismo na sociedade. Além disso, porém, Hillary fez uma péssima campanha, com erros monumentais. Por exemplo, ao qualificar de "deploráveis" os seguidores de Trump, que é justamente o que a elite pensa sobre as classes pouco instruídas. E nunca pôde superar o erro de ter enviado milhares de mensagens eletrônicas a partir de sua conta pessoal, quando era secretária de Estado. A razão pouco conhecida desse erro é que Hillary utilizava somente um BlackBerry, porque se perdia em redes mais sofisticadas e criptografadas. Mas isso é a consequência de uma atitude de arrogância que, pela segunda vez numa eleição, a levou a se considerar a triunfadora inevitável, por sua capacidade intelectual. Capacidade que é verdadeira, mas que se torna algo negativo quando transmite a imagem de superioridade em relação às pessoas comuns. A tal ponto que nem sequer a maioria das mulheres brancas votou nela. O fato é que Hillary foi gravemente prejudicada pelo governo russo, que, através de intermediários, hackeou os computadores do Partido Democrata, facilitando informação fundamental ao genro de Trump. A decisão do diretor do FBI, James Comey, de reabrir a investigação contra ela pouco antes da eleição também teve uma influência negativa. E não foi uma conspiração, mas a honestidade de Comey, que não se associou a ninguém. Por isso Trump o demitiu, apesar de ter se beneficiado da investigação dele sobre Hillary. Tecnicamente falando, esta perdeu a eleição porque os negros e os jovens não votaram nela na mesma proporção em que haviam votado em Obama. E isso se deveu à atitude ambígua de Hillary em relação a temas tão

A rebelião das massas e o colapso de uma ordem política   45

sensíveis quanto os assassinatos de negros pela polícia. Mesmo assim, ela venceu na escolha popular por mais de 2 milhões de votos. Mas o histórico e obsoleto sistema do Colégio Eleitoral nos Estados Unidos deu uma margem de vitória confortável a Trump, tanto pela concentração de seu apoio em estados estratégicos do Meio-Oeste e na Flórida como por sua superioridade total nas áreas rurais e nas pequenas cidades. Os esquecidos do sistema. Trump foi eleito por esses esquecidos, os "deploráveis" de Hillary.

Quem votou em Trump: a América profunda

No início da campanha eleitoral, Hillary Clinton e Donald Trump eram os candidatos com maior rejeição na história das eleições presidenciais. Um terço dos cidadãos tinha uma percepção desfavorável de Hillary e 40% de Trump. A eleição foi se resolvendo pela mobilização diferencial em favor de um ou de outro ao longo da campanha. Assim, enquanto o apoio a Hillary era sobretudo uma reação contra Trump, o republicano contou com o apoio entusiástico de um núcleo do eleitorado. Em primeiro lugar e sobretudo, os brancos. Hillary perdeu o voto branco para Trump por 21 pontos percentuais. Obama também perdeu, mas por doze pontos. A tendência dos democratas de depender do voto das minorias foi se acentuando de eleição em eleição e culminou em uma autêntica mobilização dos brancos de todas as classes e idades a favor de Trump. Tal mobilização foi particularmente intensa nos setores menos instruídos (assimilados genericamente à "classe operária"), entre os quais a votação foi de 67% para Trump e 28% para Hillary. Mas também entre os votantes brancos com formação universitária Trump ganhou por 49% contra Hillary, com 45%. Inclusive entre as mulheres brancas, aquelas com baixo nível educacional votaram em Trump num total de 58%. Essa diferença racial foi decisiva nos estados do Meio-Oeste, região-chave da eleição, porque ali reside 40% do eleitorado, onde Trump ganhou com uma diferença de 2 a 1. Hillary obteve sete pontos percentuais a menos de votos do que Obama na precedente eleição na Pensilvânia, oito em Wisconsin, dez em Michigan, onze em Ohio e quinze em Iowa. Ou seja, no coração industrial dos Estados Unidos, tradicionalmente democrata. Daí a interpretação generalizada de que a classe operária branca, golpeada pela globalização e ressentida com a imigração, foi o ator da vitória de Trump. Mas essa afirmação é apenas parcialmente correta, porque foi o conjunto do voto branco, transcendendo classe social, que se manifestou contra Hillary. O voto das mulheres, inclusive, só se inclinou para Hillary nos setores sociais mais elevados e, sobretudo, entre as minorias. As minorias étnicas foram os únicos grupos nos quais Trump perdeu claramente. E embora os jovens em sua maioria votassem em Hillary, não o fizeram na mesma proporção que em Obama, por rejeitarem o establishment representado pela democrata. A divisão territorial da votação foi ainda mais significativa. Hillary ganhou por 13 milhões de votos nas

A rebelião das massas e o colapso de uma ordem política   47

cem áreas urbanas mais povoadas, com maior concentração de minorias étnicas; ao passo que Trump ganhou por 12 milhões de votos nos 3 mil condados restantes, ou seja, na América rural e branca, onde ele obteve proporções de voto acima de 75%. Por isso o voto democrata nas grandes cidades do Meio-Oeste não pôde compensar a onda de voto branco rural, representativo da população branca original, a qual apoiou o candidato que lhe dava esperança de resistir à invasão de seu país por cima (globalização) e por baixo (imigração). Foram votos daqueles que, na expressão de Arlene Hochschild, se sentiam "estrangeiros em sua própria terra". O pertencimento racial foi o indicador-chave dessa reação maciça dos brancos. Parece que a eleição de Obama, em vez de ter apaziguado o racismo, aguçou-o, levando para Trump o voto do ressentimento racial dos brancos, particularmente acentuado entre os brancos de menor instrução, mas igualmente majoritário entre os homens da classe média com qualificação profissional. E, sobretudo, os velhos brancos. De fato, as pesquisas mostram uma correlação direta entre atitudes racistas e o voto em Trump. Contudo, embora os racistas tenham votado em Trump, a maioria dos que votaram nele não é de racistas. São pessoas atemorizadas pela rápida mudança econômica, tecnológica, étnica e cultural do país. Por isso os velhos brancos apoiaram Trump, para tentar preservar seu mundo, um mundo que em certos momentos viam desaparecer. E a imigração era o sinal mais visível de que seus vizinhos já não eram o que eram. Mas, além disso, a classe social definiu o voto entre os brancos. Quanto mais ins-

48 *Ruptura*

truídos e de maior nível econômico, mais votaram em Hillary. Ao passo que Trump arrasou no voto dos operários brancos, dos pobres do campo e das regiões em crise. Ou seja, dos que alguns analistas chamaram de "o lixo branco", rememorando o epíteto pejorativo frequentemente utilizado para os brancos pobres ao longo da história. Foi um grito de sobrevivência em função de seu único ponto de apoio: serem cidadãos americanos e brancos. Confortados por sua bíblia, sua nação e seu fuzil. Assim esperavam deter a invasão dos estrangeiros e reivindicar seus empregos ante a ganância de multinacionais e banqueiros.

Em resumo, votaram majoritariamente em Hillary as minorias étnicas, os jovens, as mulheres instruídas e as grandes cidades. Ao passo que votaram maciçamente em Trump os setores brancos de menor instrução (homens e mulheres, jovens e velhos), os trabalhadores industriais brancos, os homens brancos instruídos, as áreas rurais brancas e todos os territórios de maioria branca. Foram os brancos, em seu conjunto, que elegeram Trump, com uma mensagem explícita de defesa de sua identidade e de rejeição aos que a diluíam na diversidade étnica.

Trump: um movimento identitário

Relacionou-se o voto em Trump com a insatisfação econômica induzida pela crise e pelo desemprego, em uma analogia com reações similares na Europa. É verdade que os salários dos trabalhadores se reduziram em termos reais, enquanto

A *rebelião das massas e o colapso de uma ordem política* 49

os dos profissionais de formação superior se incrementaram substancialmente. De modo que não foi tanto a crise, mas a desigualdade social exacerbada pelas políticas de gestão da crise. E também é verdade que a deslocalização industrial, ligada à globalização, e a transformação do emprego em função da automação golpearam alguns setores de trabalhadores na indústria tradicional, em particular a de automóveis e a siderurgia, concentrada nas regiões do Meio-Oeste, assim como na mineração de carvão. A partir do ano 2000 perderam-se 7 milhões de empregos industriais, enquanto se acrescentavam 25 milhões nos serviços. Mesmo assim, no momento da eleição, graças à política econômica expansiva de Obama, o índice de desemprego era tão somente de 5%, o nível mais baixo desde 2005. E, embora nas regiões industriais fosse mais alto, situava-se entre 8% e 9%, um pouco mais entre os jovens. Ainda assim, não se pode falar de uma crise profunda das condições de vida que pudesse ter motivado uma mobilização reivindicativa tão ampla quanto a que levou Trump ao poder. Isso já havia ocorrido com a eleição de Obama. No caso de Trump, a explicação parece antes apontar para a crise cultural de setores populares em desarraigamento, começando pela desintegração social de comunidades operárias tradicionais sob o efeito da reestruturação industrial. J.D. Vance, em sua emotiva *Hillbilly Elegy: A Memoir of a Family and Culture in Crisis* (2016), relata sua vivência entre famílias disfuncionais, no limite da sobrevivência, nas aldeias dos Apalaches. E a continuidade da marginalização dessas famílias quando migraram para as cidades industriais em Ohio. O estigma de ignorância e brutalidade as acompanhou. Ao que elas respondem com o orgulho de ser quem são, ante o desprezo por parte de grupos profissionais instruídos que controlam todas as molas da sociedade americana. Esse ódio às elites se estende aos imigrantes que povoam o país e competem por emprego e assistência pública. Mais ainda, diante da globalização, dirigida por Wall Street e considerada responsável pela perda do trabalho dessas pessoas, afirmam-se a nação americana e todos os seus atributos, como baluarte identitário onde elas encontram refúgio e consolo.

Walter Russell Mead, em um extraordinário artigo na *Foreign Affairs*, em abril de 2017, equipara o movimento em torno de Trump à revolta populista jacksoniana do início do século XIX. Diante dos desígnios internacionalistas de alguns pais da nação, como Hamilton, os seguidores do presidente Andrew Jackson proclamaram a prioridade da defesa dos cidadãos brancos americanos e da preservação dos princípios comunitários, de liberdade e igualdade, característicos da nova nação. Essa corrente, diretamente oposta ao liberalismo e ao intervencionismo global, se manteve ao longo da história dos Estados Unidos e se ativou sempre que as elites financeiras e políticas construíam um discurso cosmopolita do qual os "verdadeiros americanos" se sentiam excluídos. Esse movimento latente se expressou sob diferentes formas, tanto no ataque aos imigrantes sem documentos quanto na defesa do direito a portar armas (para resistir à eventual tirania do governo) e no apoio incondicional à polícia, criticada por sua repressão racista pelo

A *rebelião das massas e o colapso de uma ordem política* 51

movimento "Black Lives Matter". Esse neojacksonismo se articulou com os protestos contra a globalização numa crítica feroz ao cosmopolitismo e à tolerância intelectual dos influentes setores acadêmicos, financeiros e midiáticos das grandes urbes, em particular da Califórnia e de Nova York. E se prolongou na denúncia da classe política em Washington, símbolo de governo ilegítimo distanciado dos cidadãos comuns.

Uma parte da explicação para a força do movimento nacionalista é a importância que a política da identidade ganhou nos Estados Unidos, assim como no resto do mundo. Vários grupos étnicos e culturais (afro-americanos, latinos, chicanos, indígenas americanos, asiáticos de diferentes nações e etnias, mulheres, lésbicas, gays, transexuais e outros múltiplos conjuntos) têm afirmado sua identidade específica e lutado por seus direitos. De repente, os homens brancos perceberam que ninguém falava de sua identidade. E mais, que as outras identidades se definiam como contestadoras da identidade supostamente dominante: a identidade patriarcal do homem branco. Que, por ser a identidade alfa, foi superada e negada como identidade. Desse sentimento de exclusão das manifestações culturais dominantes e das categorias protegidas em termos de direitos especiais, surgiu a necessidade de uma afirmação dos esquecidos da política identitária: o homem branco.

Nesse caldo de cultura floresceram grupos racistas, neonazistas e antissemitas, que haviam ficado na penumbra e viram chegar seu momento. Organizaram-se como *alt-right* (direita alternativa) e começaram a influir na campanha de Trump através de sua presença em meios de comunicação xenófobos com uma crescente reputação entre os nativistas americanos. Um desses meios foi o *Breitbart News*. Seu diretor executivo, Steve Bannon, conectou-se com Trump e passou a dirigir a última fase da campanha dele a partir de agosto de 2016. Antes de nos determos obrigatoriamente nesse personagem, convém ressaltar que o movimento nacionalista identitário em torno de Trump não é de modo algum um movimento racista ou neonazista, embora em seu seio integre racistas, Ku Klux Klan e outra gente de má vida. Tem raízes profundas na humilhação identitária e na marginalização social sentida por amplos setores populares. Uma marginalização que se iniciou com o deslocamento do trabalho em função da reestruturação da economia e se prolongou, com terríveis consequências, em uma epidemia de medicamentos opiáceos que está devastando o país. A pesquisadora Melina Sherman, estudiosa do tema, mostrou as raízes dessa epidemia na demanda maciça por parte de pessoas desesperadas e na manipulação, pelos fabricantes farmacêuticos, do gigantesco mercado semilegal assim criado. As zonas de maior intensidade da epidemia coincidem em boa parte com as áreas de voto em Trump. Não se deve concluir que foram os dependentes de droga a eleger Trump, mas que a alienação cultural e a marginalização social de setores populares conduziram, ao mesmo tempo, à desconexão através da droga e à reconexão em torno de Trump como salvador providencial.

Contudo, embora a *alt-right* nunca tenha sido dominante no movimento popular mais amplo constituído em torno de

A rebelião das massas e o colapso de uma ordem política

Trump, alguns de seus líderes exerceram um papel relevante na ideologia e na política do trumpismo pela influência direta sobre Trump. Tal foi, em particular, o caso de Steve Bannon, ex-marine, graduado em Harvard, rico empresário midiático de Hollywood e executivo de rádio e televisão. Sua visão é criar um movimento popular capaz de se perpetuar no poder por meio de uma política de infraestruturas que proporcione emprego reservado à classe operária branca, uma oposição sistemática à imigração e uma islamofobia institucional que coloque a segurança nacional no centro da política, em contraposição às elites globalizadoras. Bannon chegou a ser conselheiro especial de Trump na Casa Branca, inclusive com um posto relevante no Conselho de Segurança Nacional, até que seus enfrentamentos com os diferentes diretores do gabinete presidencial e com a família Trump provocaram sua demissão em agosto de 2017. Na realidade, o narcisismo de Trump não suportou que se atribuísse a Bannon o qualificativo de criador da estratégia do movimento. Mesmo fora da Casa Branca, Bannon e sua gente continuam sendo muito influentes no movimento nacional-populista que constitui o núcleo básico do apoio a Trump.

Trump contra o mundo: uma Casa Branca assediada e disfuncional

A prova de fogo do poder presidencial revelou o verdadeiro Trump. Como qualquer outro presidente dos Estados Unidos, ele se dobrou ao poder de Wall Street, que tanto havia vilipendiado na campanha. Nomeou como secretário do Tesouro, o posto-chave da economia, Steven Mnuchin, financista do Goldman Sachs, seguindo uma longa tradição presidencial que faz dessa firma o conector concreto entre o poder político e o financeiro nos Estados Unidos. E escalou a onda de crescimento econômico que Obama havia induzido com suas políticas de aumento dos gastos públicos e inovação tecnológica. Assim, pôde se vangloriar de uma forte alta da bolsa, apesar das reservas dos meios empresariais em relação à sua ideologia. Mas nas outras políticas não se afastou muito de suas ousadas promessas eleitorais. Tentou revogar a reforma no sistema de saúde de Obama; pressionou as empresas automobilísticas para que não se deslocalizassem para o México; reduziu impostos (sobretudo para os ricos); tentou proibir a entrada de muçulmanos no país, pelo fato de serem muçulmanos; endureceu a política anti-imigrante; perdoou a repressão policial às minorias; amparou e "entendeu" os grupos racistas da *alt-right*; empenhou-se (sem grande êxito, até o momento) em construir o muro da ignomínia na fronteira com o México; anulou os principais tratados comerciais multilaterais, em particular no Pacífico, na América do Norte e na América Latina; anunciou a retirada dos Estados Unidos do Acordo de Paris sobre mudanças climáticas; confrontou, e em alguns casos insultou, vários dirigentes políticos europeus (embora tenha se apaixonado por Macron); ameaçou iniciar uma guerra contra a Coreia do Norte; insinuou a intervenção militar na Venezuela; voltou à Guerra Fria com Cuba, apesar de no passado ter feito negócios

A rebelião das massas e o colapso de uma ordem política   55

ilegalmente com a ilha. E, embora tenha esboçado uma guerra comercial com a China, logo decidiu que Xi Jinping era importante demais para que ele o confrontasse. Sua reconhecida admiração por Putin não chegou a enveredar por alianças estratégicas porque a suspeita da intervenção russa na campanha eleitoral continuou pairando sobre seu destino político. Contudo, encontrou quatro fontes de oposição que derrotaram algumas de suas iniciativas e limitaram suas ambições.

A primeira, a crítica quase unânime por parte dos meios de comunicação, os quais Bannon considerou como único adversário político com o qual eles tinham de contemporizar e que Trump ofendeu e desqualificou sistematicamente. Em segundo lugar, o Poder Judiciário, que mostrou sua independência ao se afirmar contrário a iniciativas inconstitucionais do presidente. Também neste caso, Trump mobilizou suas hostes contra os juízes. Em terceiro lugar, o FBI, que reivindicou sua independência partidária, e, embora James Comey pagasse pela sua ousadia com a destituição do cargo de diretor, a agência continuou investigando o entorno de Trump. De igual modo, a nomeação de um promotor especial para investigar a relação entre a Rússia e a campanha de Trump mostrou que até o procurador-geral, Jeff Sessions, não pôde se abster de seu dever institucional em relação ao presidente. E, por fim, o Congresso, incluídos muitos republicanos, se alarmou com as ameaças de abuso do poder presidencial e bloqueou várias das iniciativas de Trump, entre as quais a reforma da saúde e a construção do muro. Quando Trump atacou os políticos tradicionais e inclusive ameaçou paralisar o governo, líderes republicanos começaram a lhe retirar o apoio. Em particular o presidente do Senado, Mitch McConnell, e o presidente do Congresso, Paul Ryan (com aspirações presidenciais futuras), expressaram abertamente seu desacordo com Trump, quando suas medidas ou declarações foram longe demais para o establishment. Uma coisa é fazer campanha demagógica para ganhar, outra é tentar desestabilizar o sistema a partir da Presidência. Quanto à Casa Branca, esta se transformou numa casa de loucos, na qual, em poucos meses, os ocupantes de dez altos cargos, incluídos o chefe de gabinete, dois porta-vozes e altos-comandos do Conselho Nacional de Segurança, foram demitidos por um presidente irascível, incapaz de suportar a crítica ou a distância. Além disso, em questão de dias, caíram nomeações como a do assessor de Segurança Nacional Michael Flynn – o chamado "general louco" – ao ser divulgado que este tinha estado a soldo da televisão do governo russo, tinha sido consultor de Erdogan e tinha mentido ao vice-presidente sobre suas conversas com o embaixador russo durante a campanha eleitoral...

A tudo isso Trump respondeu com desprezo, mentiras e ataques pessoais, inaugurando um novo modo de comunicação presidencial: o governo via Twitter. Tuitando sem cessar, geralmente em plena noite, suas opiniões, críticas e decisões sobre qualquer assunto ou pessoa. Na realidade, o que parece um desvario é coerente com o traço mais importante de Trump: a personalidade narcisista. Ele precisa de adulação contínua e

A rebelião das massas e o colapso de uma ordem política   57

fidelidade incondicional. No dia a dia da Casa Branca, seus assessores têm que lhe levar duas vezes por dia o clipping da imprensa mundial em que haja opiniões favoráveis a ele. Omitindo, obviamente, qualquer expressão crítica. Trump se aconselha unicamente com a família (sobretudo com o genro, Jared Kushner, e a filha Ivanka) e seu círculo pessoal mais íntimo. Toma as decisões e as comunica aos que devem executá-las. Em seguida muda de ideia, ao perceber que poderão acarretar problemas para ele. Quando as críticas se exacerbam, volta às suas bases. Reúne milhares de pessoas em um recinto, em território favorável, e perora sobre qualquer coisa, buscando o aplauso e o fervor de apoiadores incondicionais. Ou seja, está sempre em campanha, porque é aí que sente seu poder e, sobretudo, se sente querido, um típico reflexo doentio no grau máximo do narcisismo. Em certos momentos, como no comício em Phoenix em agosto de 2017, seu discurso parece errático, desarticulado, desvairado, de certo modo, o que levou alguns a pensar que pode até mesmo haver um problema de saúde mental. Invoca-se então a 25ª Emenda da Constituição, que, nesse caso, prevê a substituição do presidente. O que não parece provável, porque o procedimento é excepcional e controlado pelo presidente do Senado e pelo Supremo Tribunal. Em contraposição, pensa-se, de fato, na possibilidade de um impeachment, se, como resultado das várias investigações em curso, forem encontradas evidências do conluio entre a Rússia e a campanha eleitoral. Mas nos bastidores de Washington, no outono de 2017, comentava-se outra possibilidade: a renúncia por parte do próprio Trump, cansado de bloqueios institucionais e críticas midiáticas, tanto nos Estados Unidos quanto no mundo. Enquanto puder se isolar de um mundo que lhe é hostil e viver ao calor de seus fiéis (em setembro de 2017, quatro em cada cinco ainda lhe dariam o voto), ele prosseguirá com seu engrandecimento pessoal e o projeto messiânico de nacionalismo radical. Entretanto, se a realidade da ojeriza de uma maioria, amplificada pela mídia, ecoar na ala oeste de seu palácio (frequentemente vazio da presença de Melania e de seu filho semiautista), Trump poderia abandonar uma presidência que, segundo explicou reiteradamente, não lhe agrada como forma de vida, a não ser que ele possa fazer sua vontade. E, depois dele, o dilúvio.

Brexit

Em 23 de junho de 2016, ignorando as recomendações dos principais partidos políticos e do primeiro-ministro conservador David Cameron, 51,9% dos britânicos (54% dos ingleses) votaram em um referendo vinculante a favor de abandonar a União Europeia, com uma participação recorde de 72,2%. Sendo que, em 1975, o Reino Unido tinha votado maciçamente a favor da União, embora com uma participação muito menor. O que aconteceu, no decorrer dessas quatro décadas, para que se produzisse uma mudança tão radical, que abriu uma profunda crise institucional na Europa e afetou a ordem mundial?

A rebelião das massas e o colapso de uma ordem política 59

As análises estatísticas com que contamos sobre o chamado Brexit indicam que a campanha eleitoral em si não foi determinante para o resultado. De fato, em sua maioria os cidadãos foram muito críticos em relação à negatividade dos dois blocos adversários durante a campanha. Em particular, os partidários da permanência na União Europeia desencadearam o que chegou a ser conhecido como "Projeto Medo", com uma autêntica mobilização de personalidades econômicas e políticas de todo o mundo vaticinando uma catástrofe econômica caso a secessão vencesse. Nada disso se produziu. Na verdade, houve uma reação popular contra as elites políticas que se alinharam com unanimidade em favor da União Europeia. E essa rejeição ajudou o Brexit. A popularidade do primeiro-ministro Cameron, que havia ganhado as eleições de 2015 por maioria absoluta, foi neutralizada por conservadores como Boris Johnson, ex-prefeito de Londres e líder dos eurocéticos do Partido Conservador. Também exerceu papel relevante o Partido de Independência do Reino Unido (Ukip, na sigla em inglês), nacionalista de extrema direita, com seu dirigente xenófobo Nigel Farage, que havia ganhado as eleições para o Parlamento Europeu um ano antes, atiçado pela imprensa marrom, como os jornais *The Sun* e *Daily Mirror*, praticantes desavergonhados da pós-verdade. É significativo, porém, o fato de que, na eleição legislativa subsequente ao Brexit, em 2017, o Ukip tenha afundado e nem sequer Farage tenha sido reeleito. Isso ocorreu porque seu eleitorado era um eleitorado antieuropeu que, após triunfar no Brexit, retornou à sua expressão tradicional no Partido Conservador. Ou seja, o papel de partidos antiestablishment de extrema direita parece ser, sobretudo, o de influenciar partidos tradicionais rumo a posições mais de acordo com a evolução da opinião. As atitudes que se expressaram na decisão de sair da União Europeia estavam presentes na opinião pública ao menos dois anos antes. A campanha não fez senão solidificar opiniões já construídas na mente dos cidadãos. Esse parece ser um dado fundamental na conduta política de nosso tempo. Os cidadãos selecionam as informações que recebem em função de suas convicções, enraizadas nas emoções que sentem. A deliberação eleitoral é secundária. E isso se produziu ainda mais intensamente no Reino Unido, que foi desde sempre o país da UE menos favorável a ceder soberania. Há raízes históricas, geográficas e institucionais no excepcionalismo britânico. O que sempre foi um exemplo de democracia liberal para muitos na turbulenta Europa se caracterizou por uma perene afirmação de interesses nacionais no processo de construção europeia. Sim à integração econômica a fim de ampliar mercado para suas competitivas empresas e seu importante setor financeiro, mas preconizando ao mesmo tempo uma débil integração política para não perder autonomia de decisão. Mesmo assim, durante um longo tempo, as tensões nas negociações com Bruxelas e os outros Estados-membros foram geridas mediante a concessão ao Reino Unido de importantes exceções à regra: não ao euro, não ao espaço Schengen, não à ratificação da Carta Europeia de Direitos Fundamentais, além de sistemá-

A rebelião das massas e o colapso de uma ordem política   61

ticas objeções ao orçamento comunitário. As dificuldades de cossoberania foram se resolvendo aos trancos e barrancos enquanto a relação negociadora se manteve no âmbito das elites políticas, pela simples razão de que os três grandes partidos eram pró-europeus, excetuando-se uma fração minoritária de eurocéticos no Partido Conservador. Tudo mudou quando o descontentamento com as políticas dos governos, conservadores ou trabalhistas, se relacionou com sua subordinação à União Europeia e, mais amplamente, com os processos de globalização financeira, deslocalização industrial e aumento da imigração. Ou seja, tudo mudou quando o debate se ampliou aos cidadãos em seu conjunto, para além da classe política. O aparecimento do Ukip na cena política alertou os conservadores sobre o perigo de perder a hegemonia entre os setores mais nacionalistas. Daí que um novo e jovem líder, David Cameron, de origem aristocrática, tentou canalizar a seu favor o descontentamento popular, prometendo na campanha eleitoral de 2015, caso vencesse, a realização de um referendo vinculante sobre o pertencimento à União Europeia. Dessa forma, conseguiu afastar o Ukip e obter maioria absoluta, derrotando decisivamente os trabalhistas e dando um fim à política de terceira via de Blair, que havia atraído o voto centrista em troca de perder o apoio tradicional das bases operárias. De fato, Cameron se viu diante de uma vitória mais ampla do que esperava e que o obrigava a cumprir a promessa de realizar o referendo porque não dependia de aliado algum. Embora se empenhasse a fundo em permanecer na União Europeia, havia acionado forças que não pôde controlar. Quais foram essas forças?

A chave: retomar o controle

Os partidários do Brexit centraram sua mobilização num objetivo fundamental, que dominou toda a campanha do referendo: retomar o controle do destino do país pelos próprios britânicos. Ou seja, uma reafirmação da soberania nacional. Não foi um nacionalismo de cunho imperial, ancorado na nostalgia de um passado glorioso, mas um reflexo defensivo, buscando proteger o direito de estar em casa sem interferências. A expressão mais direta dessa atitude foi a recusa à livre imigração dos cidadãos da União Europeia, em particular os do Leste Europeu, que haviam chegado às centenas de milhares na década precedente. A partir de 2004, através de medidas tomadas por Blair para abrir as fronteiras à imigração europeia, em concordância com a crescente integração, chegaram cerca de 120 mil imigrantes por ano, até atingir 1,5 milhão em 2014. A razão foi precisamente a de que os cidadãos do Leste Europeu, em função do princípio de livre circulação de trabalhadores dentro da União, tinham direito a imigrar e acessar os mesmos serviços de educação, saúde e moradia que os britânicos. O que, em um contexto de políticas de austeridade e cortes orçamentários, após a crise de 2008, contribuiu para saturar escolas e hospitais. Curiosamente, embora o racismo esteja presente na

A rebelião das massas e o colapso de uma ordem política   63

Grã-Bretanha, assim como em toda a Europa, a rejeição não se centrou nos imigrantes de países de fora da Europa. Precisamente porque estes necessitam de vistos e licenças de trabalho controlados pelas autoridades. O encanador polonês era muito mais ameaçador do que o guarda de segurança paquistanês. O controle das fronteiras se apresentou como solução mágica para eliminar a competição no emprego e nos serviços e, de quebra, proporcionar uma proteção maior contra o terrorismo global, esquecendo que a maioria dos atos terroristas procede de pessoas criadas no país. A imigração europeia se tornou o símbolo da invasão da vida cotidiana pela globalização em todas as suas dimensões...

De modo que o motivo explícito de mobilização a favor do Brexit foi claramente a exigência de controle das fronteiras e a rejeição à imigração. Em 2015, o apoio à saída da União Europeia era 40% mais alto entre os que consideravam haver imigração demais do que entre aqueles que não tinham objeções aos imigrantes. Mas o que se expressou através da oposição à imigração e à União Europeia foi a profunda divisão de classe e de culturas que define a sociedade britânica, assim como as sociedades ocidentais em geral. O local se opôs ao global utilizando o único instrumento disponível: a fronteira. Se os capitais e as mercadorias podem atravessá-la de todas as formas, pelo menos que não o façam as pessoas e as culturas que elas trazem consigo. Essa divisão social básica fica patente quando se examina quem votou a favor do Brexit.

A sociedade do Brexit

Votaram desproporcionalmente a favor de sair da União Europeia os maiores de 65 anos, as pessoas com menores qualificações profissionais, os setores de menor instrução, a classe operária industrial, os brancos e as cidades e regiões mais afastadas dos centros metropolitanos e da Grande Londres, em particular no norte da Inglaterra. Os autodefinidos como classe operária votaram pró-Brexit na proporção de 63%, em contraste com a classe média, 44%. O voto a favor do Brexit entre os setores menos instruídos foi trinta pontos percentuais mais alto do que entre os mais instruídos. Os homens foram mais antieuropeus do que as mulheres, mas sem que a composição de gênero fosse decisiva no voto. Curiosamente, as localidades com menor fluxo de imigrantes foram mais pró-Brexit do que as outras. Isso se explica porque o grande fluxo de imigrantes se concentra em Londres e no sudoeste da Inglaterra, a zona mais desenvolvida e cosmopolita do país, e, por conseguinte, onde a competição laboral e de serviços é menos aguda em virtude do contexto de bonança econômica. Mas também é possível que o contato diário com imigrantes desmitifique em parte os preconceitos sobre os quais a hostilidade dos nativos se baseia.

Por outro lado, opuseram-se ativamente ao Brexit os jovens, os setores profissionais e os grupos de maior instrução. Ocorre, porém, que a população de idade superior a 65 anos é mais numerosa do que a de idade inferior a trinta, pelo que a votação foi decidida pelas pessoas mais velhas. O fator

A *rebelião das massas e o colapso de uma ordem política* 65

idade não determinou apenas o sentido do voto, mas também a intensidade da mobilização. A participação dos jovens foi muito menor que a dos velhos, pela simples razão de que geralmente os jovens são céticos em relação aos partidos tradicionais, favoráveis à União Europeia. O resultado foi que o futuro dos jovens ficou prisioneiro do voto dos velhos. A oposição de classe e instrução, entre os que estão equipados para competir globalmente e os que só podem resistir localmente, se plasma territorialmente de maneira nítida na dicotomia entre Londres e as províncias inglesas. Londres é a cidade global por antonomásia, de fato é o principal centro financeiro mundial e um dos centros de serviços avançados mais importantes do planeta. Mas essa capacidade dos londrinos de manejar conhecimento e informação, motores do dinamismo econômico e social, está a anos-luz da maioria do país. Ou seja, embora a imigração tenha sido o motivo mais palpável da recusa à integração europeia, a resistência à dependência dos fluxos globais e à cultura cosmopolita é o que subjaz como fundamento da sociedade do Brexit. É uma atitude reacionária? De certo modo, sim, porque reage contra a mudança multidimensional e incontrolada que abala nosso mundo, da automação à mestiçagem cultural. Mas, do ponto de vista da equidade e da justiça, é uma reação que tende a compensar a dominação do mercado sobre a vida com a defesa dos direitos sociais da população, que pretende aumentar o controle dos fluxos globais que dominam a economia, a vida e a cultura a partir do instrumento tradicional do Estado (nacional e local) sobre o qual os cidadãos, através do voto democrático, ainda têm certa influência. As elites britânicas podem se considerar cidadãs da Europa e do mundo, com uma mentalidade aberta e tolerante às outras culturas, porque detêm o poder e a riqueza nesse sistema. Ao passo que a maioria da população, enraizada em suas localidades e com capacidades pouco exportáveis, sobrevive em trincheiras defensivas e constrói o sentido de suas vidas na existência local, a única que esses indivíduos têm. E resulta que a União Europeia, construída sem consultá-los depois de 1975, é o sistema institucional que melhor expressa a desnacionalização do Estado em favor de ideais de cidadania europeia e universal que a maioria das pessoas, mesmo estando de acordo em teoria, mal pode praticar.

Por isso o voto a favor do Brexit não foi um voto de classe no sentido tradicional do termo, mas um voto dos que, na terminologia empregada na campanha, se sentem abandonados à própria sorte (*left behind*) e marginalizados pela aceleração da mudança tecnológica, econômica e institucional, sem que as instituições que regulam suas vidas coevoluam adequadamente, mediante novas formas de representação. Pelo contrário. Quanto mais globalização econômica e cultural, mais perda de soberania em favor das instituições supranacionais.

Há, porém, uma situação específica: a Escócia. O forte sentimento nacionalista do país, que levou ao poder o Partido Nacional Escocês (SNP, na sigla em inglês) e forçou um referendo sobre a independência (que os independentistas perde-

A rebelião das massas e o colapso de uma ordem política 67

ram), promove um acentuado europeísmo. Porque a Europa, no contexto escocês, representa a possível alternativa à dominação da Coroa britânica, enraizada nas elites inglesas. Por isso a Escócia votou contra o Brexit, incluindo nesse voto as camadas populares prejudicadas pela crise e abandonadas pelo Partido Trabalhista de Blair. Ou seja, os mesmos setores que fora da Escócia votaram pelo Brexit. Em situações de mobilização nacionalista, como na Escócia, a nação prevalece sobre a classe na definição do projeto político.

Contudo, para além desse conjunto de divisões sociais e culturais, o que realmente determinou o voto pró-Brexit na Inglaterra foi o processo político característico da Grã-Bretanha do século XXI. Trata-se não tanto da campanha do referendo, mas sim da interação entre sociedade e política na qual se expressam as novas relações de poder.

Um movimento antiestablishment: do Brexit a Corbyn

O dado mais relevante para entender a profundidade do movimento de oposição à União Europeia talvez seja o seguinte: tanto o Partido Conservador quanto o Trabalhista e o Liberal se posicionaram a favor de permanecer nela. No entanto, contradizendo os líderes dos três partidos, 40% dos votantes trabalhistas e 60% dos votantes conservadores optaram pelo Brexit.

E ambos os eleitorados participaram ativamente da campanha e da votação, em contraposição ao tíbio apoio que deram aos seus partidos nas eleições legislativas, sobretudo no caso dos trabalhistas. A estratégia de Blair no sentido de deslocar seu programa rumo ao social-liberalismo (ou seja, neoliberalismo com face humana), com o intuito de ganhar as classes médias, havia debilitado o apoio da classe operária, em particular nas zonas industriais do centro e do norte da Inglaterra, castigadas pela crise. De igual modo, a defesa da Guerra do Iraque e as manipulações conjuntas com Bush em torno dela arruinaram o carisma de Blair, particularmente entre os jovens. E embora, após a catástrofe eleitoral da terceira via em 2015, a reação das bases do partido tenha levado à liderança um veterano militante de esquerda como Jeremy Corbyn, a oposição de que ele foi objeto no próprio grupo parlamentar trabalhista limitou sua capacidade de controle da política de austeridade conservadora. De modo que as vozes críticas em relação ao alinhamento dos governos com as elites financeiras e com as políticas de austeridade impostas pela Alemanha foram silenciadas por falta de alternativas reais no sistema político. Nessas condições, o pertencimento à UE se transformou no símbolo do protesto. Nas eleições parlamentares europeias de 2014, o antieuropeu Ukip, com um programa ultranacionalista, xenófobo e demagógico no social, foi o partido mais votado. E quando finalmente se convocou o referendo, a oposição ao unânime establishment pró-europeu encontrou a forma de expressar seu protesto votando pela secessão em relação à UE. Ou seja, no voto pelo Brexit une-se a oposição a uma imigração percebida como ameaçadora e à perda de soberania nacional

A rebelião das massas e o colapso de uma ordem política 69

com a crise de legitimidade dos partidos e dos políticos em geral e a rejeição às políticas de austeridade praticadas pelos conservadores e aceitas pelos trabalhistas. Quando puderam tomar a palavra em uma votação decisiva, os setores populares não representados por essas políticas aproveitaram a oportunidade. As análises do voto no referendo mostram que os que votaram pelo Brexit esperando que isso tivesse um impacto sobre uma questão concreta (por exemplo, reduzir a imigração incontrolada) também esperavam que afetasse a seu favor todos os demais problemas que eles sentiam (por exemplo, os cortes no Estado de bem-estar). Foi um protesto contra a unanimidade do establishment político e econômico em torno de políticas associadas com o pertencimento à Europa.

Pois bem, o paradoxo mais extraordinário é que o sucesso dos conservadores eurocéticos no Brexit não reforçou seu poder, e sim abriu a possibilidade de uma política alternativa de esquerda canalizada a partir de um Partido Trabalhista renovado que enterrou definitivamente a terceira via de Blair e voltou às suas origens ideológicas. Os conservadores sepultaram seu brilhante líder pró-europeu David Cameron e designaram como primeira-ministra Theresa May, ministra do Interior, mulher de pulso e claramente favorável ao Brexit, que se apressou a apoiar-se na ala antieuropeia mais radical nomeando Boris Johnson para ministro das Relações Exteriores. Mas o triunfo subiu à cabeça deles. Com o objetivo de reforçar sua posição na negociação com a União Europeia, May convocou eleições antecipadas em 2017 nas quais se previa que o trabalhismo sofreria uma derrota definitiva. Não em vão, todo o establishment (incluídos os líderes do trabalhismo como Tony Blair, Gordon Brown, Jack Straw, Ed Miliband), assim como os meios de comunicação, zombavam de Jeremy Corbyn e de suas propostas programáticas, tachando-as de velharias. E declararam Corbyn inelegível. Corbyn, um dirigente político de 68 anos, ancorado na esquerda tradicional, não se intimidou e manteve seus princípios. Propôs nacionalizações seletivas de setores estratégicos, como energia e transporte; aumento substancial dos gastos públicos em educação, saúde, moradia e polícia urbana; gratuidade das matrículas universitárias, tudo isso financiado com emissão de dívida pública compensada por importantes aumentos de impostos para os ricos e as grandes empresas. Também propôs limitar os salários dos executivos a uma relação de vinte para um com os de seus empregados. Tudo isso sem modificar a decisão sobre o Brexit, mas defendendo uma separação gradual negociada com a União Europeia e uma regularização da imigração. Semanas antes da votação, May tinha vinte pontos de vantagem em relação a ele. E de repente, na campanha pelas eleições legislativas, mobilizaram-se os setores operários excluídos da política por Blair, assim como os jovens cujas ânsias de equidade se viram refletidas nas convicções de um velho honorável, abstêmio e vegetariano que ganhou o respeito deles ao se opor, sem rodeios, a todo o establishment político e financeiro. O dia 8 de junho de 2017 mudou o panorama político britânico, somente um ano depois do Brexit. Os trabalhistas incrementaram seu voto em 9,5%

A rebelião das massas e o colapso de uma ordem política   71

em relação a 2015, alcançando 40%, muito próximo dos 42,4% dos conservadores. O trabalhismo aumentou em 31 assentos e acabou com a maioria absoluta dos conservadores. Dessa vez, os jovens e os setores mais instruídos votaram mais nos trabalhistas do que nos conservadores. Mas também a classe operária das zonas industriais retornou ao seu velho partido social-democrata. Os que votaram contra o Brexit votaram significativamente nos trabalhistas. Ou seja, a coalizão pró-Brexit se rompeu depois que a saída já estava decidida e aceita. Os que votaram a favor do Brexit contra a imigração se separaram dos que votaram contra as políticas sociais do establishment. E, sobretudo, os jovens se mobilizaram em medida muito maior do que no referendo, com uma participação sem precedentes de 64% no grupo de 18-24 anos, a qual foi decisiva para o avanço trabalhista. A participação ativa das minorias étnicas em favor dos trabalhistas também contribuiu para um Parlamento com maior representação da esquerda. De fato, somente o voto conservador a partir dos 55 anos permitiu que May mantivesse uma maioria relativa, ajudada por um sistema eleitoral não proporcional em assentos, como costuma acontecer em toda a Europa. May só assegurou seu governo graças à aliança com o Partido Unionista do Ulster, de extrema direita, debilitando-se, ao fazê-lo, perante a opinião pública e condenando seu futuro político. Um mês depois das eleições de junho de 2017, as pesquisas davam seis pontos de vantagem aos trabalhistas, liderados por Jeremy Corbyn, que alcançou a popularidade de *rock star* entre os jovens ("Oh, Jeremy Corbyn!", cantavam para ele). Foi assim que a formação de um movimento antiestablishment em oposição às elites pró-europeias se transformou em um movimento antiestablishment que articulou o que resta de classe operária tradicional com as gerações jovens que não se reconhecem na empertigada política tradicional britânica. A crise de legitimidade das instituições europeias, a crise de legitimidade da classe política e a crise social resultante das políticas de austeridade se mesclaram até colocar em questão a estabilidade da dominação bipartidarista social-liberal que havia imperado no Reino Unido nas duas últimas décadas. O Brexit não debilitou somente o projeto europeu, como também, de forma inesperada e indireta, o consenso neoliberal da classe política.

Macronismo: o fim dos partidos na França

A crise de legitimidade política na França é tão pronunciada quanto na maioria dos países. Em 2016-17, segundo as pesquisas, 83% dos franceses não se sentiam representados pelos partidos, 88% pensavam que a maioria dos políticos era de corruptos e somente 3% acreditavam que as medidas dos governos melhoravam suas vidas. Na raiz dessa crise de ceticismo democrático, num dos países tradicionalmente mais politizados do mundo, dois fatores parecem ter sido determinantes. Por um lado, a crise econômica de 2008 e as políticas de austeridade aplicadas pelos governos, com seu corolário de 3 milhões de desempre-

A rebelião das massas e o colapso de uma ordem política   73

gados, congelamento de salários e cortes nos serviços sociais, contrariando as promessas eleitorais. Uma crise que, na mente das pessoas, é associada à globalização, rejeitada por 60% dos cidadãos. Em contraste com 62% dos profissionais que se sentem favorecidos pela abertura das fronteiras. Por outro lado, a crise econômica agravou a crise política preexistente, após duas catastróficas experiências presidenciais sucessivas, uma de direita (Sarkozy) e outra de esquerda (Hollande). O excelente livro de Brice Teinturier, diretor do Ipsos, a renomada empresa de pesquisas, assinala como a confiança em qualquer opção política foi decaindo por causa do comportamento dos presidentes e do conjunto da classe política. Sarkozy, por sua arrogância e seu desprezo pelas posturas que se esperam de um presidente. Hollande, por sua indecisão e autoflagelação, expressada em um livro de confissões a dois jornalistas do *Le Monde* cujo conteúdo honrou o título, *"Un président ne devrait pas dire ça..."* ["Um presidente não deveria dizer isso..."], e que incluía ataques diretos a seus próprios colaboradores. Sarkozy perdeu a eleição e Hollande nem sequer chegou a se apresentar às primárias do Partido Socialista. O desprestígio dos partidos tradicionais – os republicanos e outras formações no bloco das direitas, o Partido Socialista na esquerda – acarretou uma escassa participação nas primárias de ambos os lados e uma distância generalizada em relação à política. Além disso, os dois blocos se dividiram internamente. Na direita, o político mais centrista, Alain Juppé, grande favorito dos poderes econômicos, perdeu as primárias para François Fillon, o mais conservador dos candidatos, conhecido por suas posições contra gays e lésbicas, que acentuou seu nacionalismo para disputar o voto com a Frente Nacional. No Partido Socialista, contra todos os prognósticos, o candidato de esquerda Benoît Hamon triunfou sobre o primeiro-ministro Manuel Valls, aliado de Hollande até que o traiu, e caracterizado por suas políticas neoliberais e repressivas. Assim, a direita e a esquerda se radicalizaram em relação às posições que haviam defendido. O truque não funcionou. O único sentimento que surgiu com força durante a campanha pré-eleitoral foi a crítica à globalização e às suas consequências, traduzida em uma ressurgência do nacionalismo e um sentimento anti-União Europeia. Nesse contexto, temeu-se um "Frexit" em caso de vitória de Marine Le Pen, líder da neofascista Frente Nacional, na eleição presidencial de maio/junho de 2017. Contudo, o paralelismo com o Brexit era inadequado. Em cada ocasião em que a FN se aproximava do poder, sempre houve na França um reflexo "republicano", do conjunto dos partidos, que no segundo turno das eleições erigia uma muralha intransponível para Le Pen e seus acólitos.

Mas, além disso, a tradição de esquerda na França começou a buscar novas expressões fora do dividido e desprestigiado Partido Socialista – partido da austeridade e do desemprego (e manchado por denúncias de corrupção, como a do ministro do Orçamento, que ocultou seus lucros e alegou não declarar renda por ter alergia a burocracia) – na primeira administração socialista depois de duas décadas. Um dissidente socialista, Jean-Luc Mélenchon, lançou uma candidatura presidencial, "A

A rebelião das massas e o colapso de uma ordem política 75

França Insubmissa", inequivocamente de esquerda e inspirada pelo fugaz movimento social Nuit Debout. Nesse contexto, fora da esquerda e da direita, ante a decomposição do sistema político, uma personalidade com escassa experiência política tentou a sorte numa aventura que teve um sucesso insuspeitado e alterou decisivamente o panorama político francês.

Emmanuel Macron, alto funcionário e inspetor da Fazenda, financista do banco Rothschild e, por fim, ministro da Economia no governo socialista do primeiro-ministro Valls, com quem estava em confronto, decidiu tirar vantagem da divisão e da confusão dos socialistas, deixando o partido e seu posto no governo e lançando uma candidatura independente, um ano antes da eleição presidencial. Produziu-se assim, no primeiro turno, o seguinte quadro eleitoral: Macron se situou em primeiro lugar com 24% dos votos, seguido por Le Pen com 21%, Fillon (maculado por escândalos pessoais) com 20% e Mélenchon com 19,6%. Os socialistas, com apenas 6%, ficaram fora do jogo e os grupos da direita, marginalizados. O segundo turno, para o qual, na França, só passam os dois candidatos mais votados, foi um passeio para Macron, porque a maioria dos votantes fez frente contra Le Pen. Ainda que muitos não tivessem comparecido às urnas, particularmente a esquerda, em função da recusa de Mélenchon em votar em Macron, criticado por suas políticas neoliberais quando havia sido ministro.

Após eleito, Macron enfrentou as eleições legislativas de junho de 2017 com franca vantagem. Em meio à decomposição dos partidos tradicionais, seu partido-movimento recebeu uma enxurrada de adesões de políticos em busca de reconversão, aos quais se agregaram centenas de neófitos conquistados por Macron com sua auréola de nova política.

A possibilidade de uma França nacionalista que, após o triunfo do Brexit, acabasse derrubando a União Europeia suscitou um pânico de tal ordem que Macron foi acolhido como o salvador da Europa e cortejado de imediato por Merkel e demais líderes, inclusive por Trump, apesar de suas redes sociais terem apoiado Le Pen e difamado Macron durante a eleição. Aparentemente, portanto, a França havia contido o apogeu populista desestabilizador da democracia. Na realidade, a história é outra. Embora a democracia liberal tenha obtido um respiro, foi ao preço do desabamento do sistema político característico da França durante cinco décadas. Porque quem triunfou nas duas eleições foram os abstencionistas e os eurocéticos de direita e de esquerda. No primeiro turno das eleições presidenciais, os 24% de votos em Macron corresponderam a 16% do eleitorado, ao passo que os partidos que votaram em candidatos presidenciais que pediam uma renegociação com a Europa (Le Pen, Mélenchon e outros candidatos de esquerda) representavam metade dos votantes. Observa-se também que, nas eleições legislativas, a votação que deu a maioria absoluta esmagadora ao partido de Macron correspondeu a somente 15,7% do eleitorado, o mesmo que os 16% da corrida presidencial. Ou seja, esse é o núcleo duro do voto em um presidente aparentemente plebiscitado: uma sexta parte dos cidadãos. Por isso, mais do que um triunfo

A rebelião das massas e o colapso de uma ordem política   77

da proposta de Macron, o que aconteceu foi uma rejeição maciça aos partidos tradicionais franceses, ou seja, os republicanos de centro-direita e os socialistas de centro-esquerda. Além, claro, da renovada negação majoritária a que os neofascistas representem a França. Mais um país onde o sistema político tradicional, carcomido pela corrupção e pelo calote programático, desaba ante a desconfiança generalizada dos cidadãos, que buscam algo diferente. Mas sem grande entusiasmo. Porque o dado mais significativo é um nível histórico de abstenção nas legislativas de junho de 2017: 51,2%. Um sistema eleitoral feito não para representar, mas para governar sem controles, traduz uma minoria ínfima da sociedade em maioria absoluta parlamentar. Se a distribuição de assentos tivesse seguido uma fórmula diretamente proporcional à votação, a projeção para o macronismo seria de 186 assentos. Enquanto as esquerdas alcançariam 164 e a Frente Nacional, 85. Macron estaria em minoria no Parlamento. Mas e daí?, dizem os cínicos e politicólogos, o que importa são os assentos segundo o sistema estabelecido. Esse pragmatismo cego separa a política da sociedade. Porque, ao distorcer decisivamente a vontade popular, parece difícil abordar as reformas pretendidas por Macron sem o apoio de 84% dos cidadãos. Continuar sem retificar o processo de integração europeia após uma eleição presidencial em que 49,7% votaram em partidos que questionam a atual União Europeia aprofunda a tendência autodestrutiva do europeísmo das elites, que insiste em seguir em frente sem olhar para trás, confiando em sua capacidade institucional de aplacar o descontentamento popular. Não houve Frexit porque Le Pen é fascista demais para qualquer sociedade democrática e "A França Insubmissa", imatura demais para impor sua contestação frontal. Ainda assim, pouco antes das eleições de 2017, as elites econômicas e políticas francesas, plenamente imersas na globalização, pareciam aterrorizadas, como assinala Christophe Guilluy em seu livro *Le crépuscule de la France d'en haut*, pela possibilidade de *marronage** das classes populares. Um termo herdado da colônia e que faz referência à possível fuga dos escravos para construírem a própria comunidade. O perigo maior para a manutenção da hegemonia dos globalizadores parece não ser a rebelião direta, mas a saída do sistema. O que se teme não é o desafio direto à democracia por parte de ideologias neofascistas deslegitimadas pela história (ao menos na Europa atual), mas a deserção de amplos setores da sociedade ante uma democracia que não os representa, suscitando a possibilidade de uma busca incerta de novas formas de representação.

Macron é quase o arquétipo do que as elites financeiras e tecnocráticas estão buscando na Europa como resposta à crise política. Um líder jovem, brilhante, formado tanto na tecnocracia do Estado (Escola Nacional de Administração) como nas finanças globais (Rothschild), com energia e ambição, honesto, com uma história romântica na vida pessoal e que não hesita em arremeter contra o Partido Socialista que o iniciou na po-

---

* Quilombismo. (N.T.)

A *rebelião das massas e o colapso de uma ordem política* 79

lítica e os desgastados políticos de direita que até agora geriam os interesses das grandes finanças. E com uma posição clara contra os partidos políticos, embora tenha precisado criar um próprio para entrar nas regras do jogo. Mas tomou o cuidado de identificá-lo com as iniciais de seu nome, E.M., En Marche, a primeira coisa que ocorreu aos seus publicitários. Claro que, após a eleição presidencial, ampliou tal denominação para La République En Marche, para tirar da direita (Les Républicains) até o nome. Quanto aos socialistas, não precisou enterrá-los porque o então primeiro-ministro Manuel Valls já os tinha declarado defuntos, e o presidente Hollande havia insinuado isso em seu famoso livro de autodestruição política. A partir daí, tudo foi fácil: escolher profissionais apolíticos, virgens de corrupção, ao mesmo tempo que abriu as portas a todos os trânsfugas dos partidos tradicionais que fossem aproveitáveis, liquidando o pouco capital humano que ainda pudesse restar a essas agremiações. Para fazer o quê? Neoliberalismo econômico e autoritarismo político, que parece ser a fórmula de resistência da pós-democracia liberal. No caso da França, isso significou dar prioridade à reforma trabalhista, ou seja, a precarização do emprego e o congelamento de salários, a cantilena dos meios empresariais imediatistas para assegurar o crescimento econômico, sem que a evidência empírica demonstre isso. Pelo contrário, o que se tem verificado é a contração da demanda e a perda de produtividade de trabalhadores ocasionais. Além disso, endureceu as medidas autoritárias de manutenção da ordem sob o pretexto da luta contra o terrorismo.

Macron chegou à Presidência convencido de que o medo do terrorismo é o caldo de cultura da Frente Nacional. E de que, para a maioria da população, restringir a imigração, vigiar a minoria muçulmana (5,5 milhões) e dar sinal verde para a repressão policial são medidas inevitáveis que legitimariam um líder protetor da ordem. E, sobre essas bases, ainda quer relançar a integração da Europa, superando as reticências do nacionalismo francês, mediante uma aliança estreita com Merkel. Ambiciosos projetos para tão escassa base social.

A França sempre se caracterizou por ser uma sociedade rebelde ante um sistema político fechado em si mesmo, com partidos clientelistas e patrimonialistas do Estado. Um mês após o histórico movimento social de maio de 1968, matriz de mudanças ideológicas, De Gaulle obteve maioria absoluta nas eleições. Mas apenas um ano depois fracassou em um referendo e teve de renunciar. Macron é jovem demais para isso. A voz das ruas, porém, não pode ser sufocada com polícia e publicidade. Porque as instituições, quando fecham o caminho aos que não têm voz, só podem se expressar em um novo espaço público, feito de redes sociais e barricadas simbólicas. E de fato, apenas um mês depois de sua eleição, ele perdeu dez pontos de popularidade, e vários ministros, acusados de corrupção, tiveram que se demitir (inclusive o influente François Bayrou, ministro da Justiça). Em agosto de 2017, o índice de popularidade de Macron havia caído 27 pontos, atingindo um nível mais baixo que o de qualquer outro presidente três meses após a eleição.

A rebelião das massas e o colapso de uma ordem política 81

Ou seja, a crise de legitimidade política derrubou os partidos tradicionais e agrupou o que restava deles em torno de um novo líder, encabeçando um movimento personalizado em sua liderança com o estandarte de renovação e modernidade. Essa liderança pessoal desenhou uma política que preservava os interesses das elites, restringindo os perigos de insurreição popular que surgiam da extrema direita e de movimentos sociais, em geral débeis, mas influentes entre os jovens (os Bonnets Rouges na Bretanha, Nuit Debout em Paris). Cerca de 30% dos jovens entre dezoito e 24 anos votaram em Mélenchon na eleição presidencial. Daí a necessidade de abrir canais institucionais de participação política a fim de recompor o sistema de controle das elites empresariais e burocráticas. Macron foi a última esperança de estabilização política de um país que é o berço dos valores republicanos na Europa e que estava deixando de acreditar neles. As perspectivas são incertas, mas, seja como for, nada na política francesa voltará a ser como antes.

A desunião europeia

A construção de uma Europa unida em sua economia e em suas instituições foi o projeto político mais ambicioso e visionário das últimas cinco décadas. Após séculos de inimizade, conflitos e guerras atrozes, a maioria dos países europeus buscou a paz duradoura e uma economia próspera mediante a convergência de interesses numa complexa e frágil arquitetura institucional. Em sua origem, o projeto foi duplamente defensivo: contra os demônios interiores que haviam levado a duas guerras mundiais e contra a ameaça soviética, neste caso com o reforço da aliança atlântica com os Estados Unidos. Apresentado de início como uma fusão gradual dos mercados e depois das economias, começando por França, Alemanha, Itália e Benelux, o projeto foi se estendendo paulatinamente até incluir 28 países do oeste e do leste, do norte e do sul. Mas, na realidade, ao menos para os que o iniciaram, sempre foi um projeto político que utilizou a economia para criar uma dinâmica irreversível que fosse transpondo fronteiras e superando nacionalismos. Essa foi a ideia central de Monnet, Adenauer, Schuman, Mendès-France, De Gasperi e, mais adiante, Jacques Delors, Helmut Kohl, Felipe González, Romano Prodi e, por último, Angela Merkel. Não cito nomes ingleses, embora Blair fosse abertamente pró-europeu, porque o Reino Unido sempre deixou claro seu interesse por uma comunidade econômica, mas não política. Sua aliança historicamente privilegiada foi com os Estados Unidos, enquanto na Europa retribuiu com frieza a hostilidade de De Gaulle, que via o continente como uma projeção da grandeza francesa. Ao passo que a Alemanha, dividida e debilitada, só podia se reintegrar à comunidade de nações através de um pró-europeísmo extremo que fizesse esquecer seu reiterado e violento nacionalismo. Paradoxalmente, o projeto federalista alemão e as reticências britânicas à União Europeia favoreceram, por motivos opostos, a decisiva ampliação da Europa rumo ao leste. A Alemanha buscou assim recriar

A rebelião das massas e o colapso de uma ordem política   83

seu espaço de influência tradicional, enquanto o Reino Unido calculou, acertadamente, que quanto mais países se integrassem à União, menos possibilidade havería de cogoverno efetivo, reforçando assim a soberania nacional de cada país. Contudo, os europeístas conseguiram uma integração econômica crescente, plasmada no Tratado de Maastricht, que culminou na criação do euro. Mas a integração política, sobretudo, não seguiu o mesmo ritmo. Quando se tentou formalizar a institucionalidade da União Europeia com uma Constituição aprovada por referendo em cada país, foi necessário abandonar o projeto após as derrotas na França e na Holanda e a forte resistência detectada em outros países, particularmente no Reino Unido.

Mesmo assim, no início do século XXI, o projeto da União Europeia havia se consolidado para além das mais otimistas projeções de seus visionários fundadores. Considerada em seu conjunto, a UE era a maior economia do planeta, com um quarto do PIB mundial; constituía um nodo essencial dos circuitos financeiros globais, com Londres e Frankfurt sobrepondo-se a Nova York/Chicago, Tóquio e Hong Kong; seus Estados de bem-estar proporcionavam às respectivas populações um nível de vida mais alto do que em qualquer outra região do mundo, incluindo os Estados Unidos; representava a área de maior concentração de conhecimento científico e cultural, assim como de pesquisa científica e tecnológica não militar; a democracia política e o respeito aos direitos humanos, em termos gerais, estavam plenamente consolidados; a paz parecia assegurada em seu conjunto, apesar da Guerra dos Bálcãs; e, embora a desigualdade social crescesse em certos momentos, sistemas corretores de distribuição de renda mantinham um nível de equidade relativa sem comparação no resto do mundo, excetuando-se o Canadá, a Austrália e a Nova Zelândia; por fim, a consciência ecológica e as políticas ambientais europeias se situavam entre as mais avançadas do mundo e constituíam a linha de defesa mais confiável do planeta azul. No entanto, havia nessa construção voluntarista falhas profundas que se revelaram na última década, pondo talvez em risco o sonho europeu.

Há três falhas principais na construção europeia, segundo se deduz do projeto de pesquisa que dirigi entre 2012 e 2016 com a participação de quinze prestigiosos acadêmicos de vários países, e cujos resultados estão reunidos no livro *Las crisis de Europa*. A primeira, a falta de uma identidade comum; isto é, de um forte sentimento compartilhado de pertencimento a uma comunidade cultural e institucional. Não é um assunto fútil. Porque, sem essa identidade, tudo vai bem só enquanto ser europeu traz vantagens e nenhum inconveniente. Atravessar fronteiras sem se submeter a controles, pagar usando a mesma moeda, dispor de um mercado mais amplo e de uma reconhecida mobilidade de trabalho são vantagens apreciadas pelos cidadãos europeus. Mas quando se trata de meter a mão no bolso para remediar os problemas sociais ou as dificuldades econômicas "dos outros", aí começam os problemas. E de onde poderia vir essa identidade comum europeia? Obviamente, não da língua, nem da religião (porque os Estados são laicos e há

A rebelião das massas e o colapso de uma ordem política   85

religiões minoritárias não cristãs), nem da história comparti-
lhada (porque o que compartilhamos principalmente foram
guerras e massacres), nem de um território (porque os costu-
mes e as instituições diversificam a geografia), nem da raça,
perigoso conceito que não unifica sociedades pluriétnicas. E
a identidade baseada em valores de civilização, tais como a
democracia liberal ou os direitos humanos, não é específica
da Europa, uma vez que se estende a muitos outros países,
começando pela América do Norte e pela América Latina. E
então? A comunidade de identidade só pode ter duas acepções.
A primeira é a autodefinição por exclusão do outro, daqueles
que não são como nós. Ou seja, a distinção xenofóbica. A segunda, mais carregada de sentido, é a que conceitualizei faz
algum tempo como a identidade-projeto. Ou seja, a vontade
de compartilhar um projeto comum, o de querermos ser europeus, acima das identidades nacionais, e descobrir o significado disso em uma prática comum, por exemplo, o trabalho,
os estudos, a política, a cultura. Essa identidade-projeto, a ser
construída na prática, é o que os visionários europeus sempre
buscaram. Mas, para consegui-la, aceleraram o processo de
integração sem ancorá-lo previamente na mente dos cidadãos,
deixando para trás a maioria da população, em particular os
setores de menor instrução e os grupos de mais idade. Todas
as pesquisas mostram que a vontade europeísta se concentra
entre os jovens e os profissionais de nível educacional mais alto,
embora mesmo aí seja um desejo minoritário. Dessa forma, a
base cultural da construção europeia foi – e é – muito frágil.

Na realidade, refletia sobretudo a cultura das elites ilustradas, humanistas, partidárias da chamada economia social de mercado, e que davam prioridade absoluta à paz e ao que denominavam valores europeus, compartilhados com as democracias ocidentais ao redor do mundo.

Mas esse projeto de construção política a serviço de valores identificados com a civilização foi um projeto elitista e tecnocrático, imposto aos cidadãos sem um debate e com escassa consulta. Foi um típico projeto de despotismo esclarecido ("tudo para o povo, mas sem o povo"). Com essa afirmação, não estou criticando, mas só constatando. Subjetivamente compartilho os ideais que guiaram esse projeto europeu, os quais, ao contrário do que declarou a esquerda dogmática, não se reduziam à "Europa do capital", embora, tratando-se de economias capitalistas, é óbvio que não deixassem de sê-lo no âmbito europeu. Na verdade, a social-democracia foi a principal força política impulsionadora do projeto. E os países do sul (Grécia, Espanha, Portugal) se beneficiaram enormemente de sua incorporação à União, afastando definitivamente os perigos do autoritarismo e de golpes militares (cuja última tentativa na Espanha ocorreu apenas cinco anos antes de sua entrada na Comunidade Europeia). Ainda assim, a subordinação da soberania nacional à legislação e às decisões da Comissão Europeia nunca foi submetida a debate e muito menos a votação. Na medida em que os grandes partidos, assim como a maioria da classe política, eram todos europeístas, as eleições nacionais não serviram para esse debate, e as eleições

A rebelião das massas e o colapso de uma ordem política   87

europeias, com escassa participação popular, estavam encaminhadas para a composição de um Parlamento Europeu sem atribuições reais durante muito tempo. E mais, enquanto as decisões da Comissão e do Conselho de Ministros europeus tinham uma importância crescente nas políticas dos países (75% das leis requeriam algum tipo de visto de Bruxelas), a Comissão tendeu a atuar como um governo da Europa e seu presidente, como presidente da União. Só que não haviam sido eleitos, mas designados a dedo pelos governos. Além disso, nas deliberações do Conselho, embora os países tenham o direito de veto, o peso dos grandes foi sempre decisivo, porque eles eram os principais contribuintes do orçamento e do Banco Central Europeu. Ou seja, o já considerável distanciamento entre os cidadãos e seus governos nacionais aumentou por causa da distância ainda maior em relação à deliberação europeia e se tornou intransponível em relação à governança cotidiana de uma Comissão Europeia tecnocrática, apoiada em um funcionalismo privilegiado, geralmente desprezado por grande parte dos cidadãos – embora, ao que me conste, por minha longa colaboração com a Comissão, a maioria desses funcionários fosse preparada e tivesse boa vontade. Mas o que deslegitimou a ação das instituições europeias foi um sistema construído de cima para baixo, e não mediante uma delegação de poder sob controle democrático. Tal é a raiz do chamado déficit democrático que corroeu a construção europeia.

Enfim, o processo de integração econômica foi em boa parte uma alavanca política para impor a unidade europeia acima da vontade e da consciência dos cidadãos. Para a Alemanha e a França, particularmente, o essencial era criar mecanismos que tornassem irreversível a unificação, começando pelo mais óbvio, a integração econômica, a fim de competir em um âmbito mundial pautado pela globalização. Por isso, em muitos países europeus, associou-se a globalização à integração europeia, projetando uma imagem negativa sobre ambas.

O mecanismo-chave pensado para a integração institucional da Europa foi o audaz projeto de criação do euro em 1999. Estabelecer uma moeda comum para economias muito díspares em termos de produtividade e competitividade, sem uma unificação correspondente da política fiscal e do sistema bancário, foi considerado potencialmente autodestrutivo por muitos economistas, como Paul Krugman e Joseph Stiglitz. Mas o triunfo do federalismo envergonhado (porque nunca se explicitou) teve seus limites. Somente dezessete países adotaram a nova divisa. Alguns se recusaram a isso para preservar sua soberania nacional (Reino Unido, Suécia, Dinamarca); outros porque a debilidade de suas economias não tornou factível sua integração. Mesmo assim, o euro permitiu que países e empresas se endividassem sem limites em uma moeda forte e que bancos dos países mais ricos, em particular a Alemanha e a França, se beneficiassem desses novos mercados, sabedores de que os riscos estavam cobertos pelo Banco Central Europeu. Mas, quando a crise de um mercado hipotecário superdimensionado nos Estados Unidos se estendeu à Europa no outono de 2008, o endividamento se tornou insustentável, a

A rebelião das massas e o colapso de uma ordem política   89

especulação ameaçou o euro e a restrição do crédito e dos gastos públicos destruiu o tecido empresarial e provocou desemprego em grande escala. Foi então que se evidenciou a hegemonia alemã em uma economia europeia integrada por uma moeda comum. Porque a Alemanha foi capaz de impor políticas de austeridade orçamentária que correspondiam aos seus interesses e aos de seus aliados do norte da Europa, mas que prejudicaram as possibilidades de reativação das economias do sul, onde a austeridade agravou a crise. É que as economias europeias, como demonstra o drama da crise grega, se viram ante o dilema de defender o euro, submetendo-se às políticas de austeridade desenhadas pela Alemanha, ou sair da moeda comum com a derrocada de seu sistema financeiro e a desvalorização maciça de sua poupança. Embora eu não vá tão longe quanto o grande sociólogo alemão Ulrich Beck ao falar de "merkievelismo", parece mesmo evidente que a integração irreversível entre economias desiguais favoreceu os mais poderosos. De fato, a política econômica pan-europeia durante a crise foi ditada pela chamada "Troika", formada pelo Banco Central Europeu, pela Comissão Europeia e pelo Fundo Monetário Internacional, que se constituiu uma verdadeira autoridade econômica supranacional sem controle democrático. Os tecnocratas da Troika impuseram seus critérios a cada país com base em sua capacidade de proporcionar ou não recursos para o resgate financeiro dos países e das instituições prestes a quebrar. Ou seja, por um lado, em termos estritamente econômicos, tal como analisaram David Marsh e Olivier Bouin, a crise do euro estava inscrita de antemão no desenho da moeda comum, dada a diversidade dos países-membros sem compensação possível mediante políticas fiscais. Esse defeito técnico criou uma situação de crise que só foi possível superar com a centralização de políticas em âmbito europeu, favorecendo ao mesmo tempo a dinâmica integradora e a hegemonia da Alemanha nesse processo. Embora não fosse um projeto consciente, os países do norte da Europa reconheceram os possíveis benefícios dessa situação para impor suas políticas econômicas aos indisciplinados vizinhos do sul, suspeitos, como disse publicamente o ministro holandês das Finanças, de gastar dinheiro "em álcool e mulheres". Essa imposição política foi rechaçada, de um lado, por quem tinha a força para fazê-lo: o Reino Unido, embora aplicasse sua própria política de austeridade. E, de outro, por milhões de cidadãos na Europa que culparam a Comissão Europeia e a Troika pelos rigores a que foram submetidos, enquanto os bancos que haviam especulado eram ajudados e saíam muito tranquilos, como o Bankia na Espanha. Ao mesmo tempo, os cidadãos do norte da Europa se mostraram fortemente críticos quanto a ajudar os perdulários do sul, tornando claras a falta de solidariedade entre países e a fragilidade de um projeto compartilhado.

A crise do euro evidenciou a diferença de interesses entre países da União, a desconfiança entre seus povos e a dominação dos interesses financeiros sobre as prioridades sociais nas políticas das instituições europeias. O resultado foi um aprofundamento da crise de legitimidade dessas instituições,

A *rebelião das massas e o colapso de uma ordem política* 91

refletida nas pesquisas, em quase todos os países, com exceção da Alemanha. Porque foi precisamente a Alemanha o país que saiu reforçado da crise. Contudo, a emergência de uma "Europa alemã", segundo o título do livro de Ulrich Beck, contradisse a ilusão de uma "Alemanha europeia" e debilitou o projeto europeu em seu conjunto.

A outra grande crise que evidenciou a fragilidade da União Europeia foi a migratória. Com dois componentes distintos, o intraeuropeu e o extraeuropeu. Por um lado, a liberdade de circulação no interior da União motivou amplos deslocamentos de população dos países mais atrasados para os mais dinâmicos, a fim de contornar as dificuldades de emprego durante a crise econômica. Assim foi que os europeus do leste emigraram aos milhões rumo ao oeste e ao norte, gerando tensões nos mercados de trabalho e nos serviços públicos dos países receptores, tal como analisei anteriormente no capítulo sobre o Brexit. Por outro lado, o dramático êxodo de milhões de pessoas do Iraque e da Síria fugindo das atrozes guerras resultantes da geopolítica das grandes potências no Oriente Médio fez com que a União Europeia tivesse que escolher entre seus valores humanitários e a recusa xenófoba dos cidadãos de solidarizar-se com seres humanos em situações-limite. A Alemanha, a Grécia e a Itália se comportaram dignamente, mas a maioria se negou a aceitar as cotas de distribuição definidas pela Comissão Europeia. Sob o pretexto do perigo terrorista, muitas portas se fecharam ao asilo humanitário, esquecendo-se de quando os europeus precisaram dele e o receberam de outros países. E mais: a xenofobia e o racismo se exacerbaram e os países da União se desuniram em suas políticas de acolhida, colocando em questão, inclusive, soluções tais como pagar à Turquia para se ocupar do problema, em troca da flexibilização da necessidade de visto para os cidadãos turcos.

Ou seja, ante as duas grandes crises da década – a crise econômica originada pelo defeituoso desenho do euro e a crise migratória –, a União se fracionou em suas políticas e aprofundou seus conflitos, evidenciando a precariedade de seu projeto. Cada Estado defendeu os interesses nacionais. E mesmo a Alemanha, que assumiu a liderança tanto econômica como humanitária, aproveitou a ocasião para reforçar sua hegemonia na Europa pós-crise.

São esses defeitos fundamentais da construção europeia que ameaçam sua continuidade e debilitam o projeto federal. Uma Europa sem identidade comum. Uma política marcada em seu funcionamento por um déficit democrático. Uma população submetida a pressões migratórias pouco controláveis. E uma economia ficticiamente integrada mediante uma moeda comum que demandou, para ser sustentável, uma intervenção *de facto* nas economias nacionais pelas instituições supranacionais, dominadas pela Alemanha e seus aliados. Tais foram os germes da desunião europeia que se expressa na profundidade e na veemência de mobilizações sociais e eleitorais contra a subordinação da soberania nacional às instituições da União.

A Rede e o Eu

Nas primeiras páginas de minha trilogia *A era da informação: economia, sociedade e cultura* (1996), expus a contradição entre duas tendências igualmente decisivas na configuração de nosso mundo. De um lado, a formação de um mundo de redes que articula as atividades estruturantes das sociedades em todos os âmbitos. Tal é a globalização, que consiste em uma rede global de redes globais nas quais se integra o essencial das finanças, da economia, da comunicação, do poder, da ciência e da tecnologia. Qualquer atividade relevante, em qualquer lugar do mundo, gravita em direção a essas redes nas quais se concentram o poder, a riqueza, a cultura e a capacidade comunicativa. As elites dominantes no planeta seguem essa lógica de redes e se articulam entre si, frequentemente adornando-se com o sugestivo título de cidadãos do mundo. Por outro lado, para a imensa maioria dos humanos, carentes de capacidade institucional de ação sobre os programas que governam tais redes, o sentido de suas vidas provém de sistemas culturais específicos construídos por uma experiência comum: seus territórios, idiomas, suas culturas e histórias próprias, seu grupo étnico, sua nação, sua religião. A lógica das redes penetra nessas comunas culturais sem chegar a dissolvê-las. Porque quanto mais abstrato se torna o sistema de poder articulado nas redes, mais a defesa do direito a ser se refugia em identidades irredutíveis às lógicas dominantes. Ao poder da Rede opõe-se o poder da identidade. Entre as duas tendências, o Estado-nação, construído durante a Idade Moderna, entra em crise por sua tensão interna entre ser nodo de redes globais, nas quais se decide o destino de seus povos, e representar seus cidadãos, que não se resignam a deixar suas raízes históricas, geográficas e culturais nem a perder o controle sobre o próprio trabalho. Cosmopolitas e locais vivem cada vez mais em diferentes dimensões da prática social. E na medida em que o Estado-nação, para fazer parte da Rede, tem que transcender o Eu, a representação dos humanos na construção política democrática baseada na comunidade definida pelo Estado-nação sofre uma profunda crise de legitimidade. Em tempos de calmaria, nos quais o mercado pode gerir a economia e as pessoas vivem e sonham sem sobressaltos, a ordem institucional subsiste por rotina. Mas quando a reprodução automática do sistema (por exemplo, financeiro ou de proteção social) se vê ameaçada por crises, o reflexo das pessoas é recorrer às instituições pagas e eleitas pelos cidadãos para que as defendam. E quando tais instituições não respondem ao compromisso de proteção da vida, questiona-se sua representatividade e denuncia-se seu funcionamento a serviço de interesses e valores de grupos com acesso exclusivo ao poder, incluindo a própria classe política como ator coletivo daquilo que se percebe como um gigantesco embuste.

Nas mais de duas décadas transcorridas desde a publicação dessa análise, a contradição entre globalização e identidade foi se agravando no conjunto do mundo. E as instituições representativas foram se fechando em si mesmas e isolando-se

A rebelião das massas e o colapso de uma ordem política 95

de seus representados, até se transformarem em um aparelho que zela sobretudo por sua própria sobrevivência, tal como documentei em meu livro *Comunicación y poder* (2009). Esse é o processo subjacente às análises específicas desenvolvidas neste capítulo: a crise institucional e política do Estado democrático por sua incapacidade de gerir a dinâmica contraditória entre a Rede e o Eu, entre a instrumentalização de nossas vidas e o significado de nossa experiência. Nessa situação de crise estrutural e bloqueio institucional, são os movimentos sociais autônomos, como tantas vezes na história, que exploram novas formas de ação coletiva enraizadas na vivência daqueles que produzem, vivem, sofrem, amam e projetam na urdidura da experiência humana. E, nesse sentido, o processo de transformação política da Espanha em época recente, apesar de suas limitações e seus desencantos, está cheio de lições analíticas e lampejos de esperança.

4. Espanha: movimentos sociais, fim do bipartidarismo e crise do Estado

Uma democracia cansada

No início do terceiro milênio, a jovem democracia espanhola apresentava sinais de envelhecimento prematuro. O sistema político estava dominado pela alternância entre um partido de direita, o Partido Popular (PP), amálgama entre franquismo, catolicismo conservador, neoliberalismo e redes mafiosas, e o histórico Partido Socialista Operário Espanhol (Psoe), reconstruído na democracia como partido social-democrata homologado pela Europa e em aliança estratégica com as elites financeiras e empresariais em torno de um projeto de modernização do país. Durante quatro décadas, o bipartidarismo imperfeito tinha dado estabilidade a uma política espanhola cansada de dramas, sobressaltos e até guerras civis ao longo de sua história. Era imperfeito porque, nas nações catalã e basca, os nacionalismos próprios introduziam uma variação-chave com respeito ao nacionalismo espanhol. E também porque os restos de um Partido Comunista que havia sido o principal ator da resistência antifranquista, para depois se diluir em suas próprias contradições, sobreviviam nas margens do sistema. Contudo, por baixo

96

Espanha: movimentos sociais, fim do bipartidarismo... 97

dessa aparente normalidade institucional, fervilhavam frustrações e conflitos que não podiam se expressar em um sistema político atado, e bem atado, pelos acordos constitucionais de uma transição em que os poderes fáticos venderam por alto preço sua renúncia ao poder ditatorial. A esquerda desativou os poderosos movimentos sociais responsáveis por abrir uma brecha no Estado franquista, cooptando o movimento cidadão e o feminista e subordinando o movimento operário ao imperativo das políticas de rigor fiscal e contenção de salários. Ao fazê-lo, perdeu a capacidade de articulação dos interesses das classes populares para além do sistema de representação institucional. A tão ansiada democracia se reduziu à partidocracia. O controle absoluto exercido pelo conjunto dos grandes partidos em sua relação com a sociedade e com as empresas deixou livre o caminho para uma corrupção sistêmica, que unia o financiamento ilegal dos partidos à conveniência dos intermediários para benefício próprio. Por tradição histórica da direita espanhola, o PP foi o que mais e melhor estabeleceu as redes de corrupção de seus aparelhos e suas pessoas, tal como foi sendo revelado por uma série de processos judiciais sobre tramas de corrupção nas administrações públicas controladas pelo partido. Mas também o Psoe, quando gozou de uma inquestionável hegemonia em quase toda a geografia espanhola, praticou o mesmo modelo, misturando interesses públicos e privados em nome do partido, com uma série de escândalos e casos judiciais, denunciados por campanhas midiáticas conspirativas, os quais acabaram por erodir a liderança de Felipe González, embora tenha sido o político mais carismático e o homem de Estado da democracia espanhola mais respeitado internacionalmente.

Não houve exceções à corrupção como forma de fazer política entre os partidos que dominaram as instituições do Estado durante longos períodos. Na Catalunha, Jordi Pujol, o profeta da nova identidade nacional catalã e figura-chave da transição política, presidiu uma rede mafiosa organizada em torno da Convergência e União (CiU, na sigla em catalão), o partido que governou durante mais de duas décadas e se transformou em uma máquina de extorsão das empresas. Com o agravante de que, no vértice desse sistema, estava a própria família presidencial, comandada pela autodenominada "Madre Superiora". Em suma, mesmo com diferentes intensidades segundo partidos, tempos e espaços, a corrupção se tornou um elemento sistêmico da política espanhola. Um fenômeno que se intensificou sob o governo de José María Aznar, durante o qual, segundo declarações surgidas nos interrogatórios judiciais relativos ao financiamento do PP, se instaurou no partido do governo uma contabilidade paralela a fim de extorquir empresas em troca de favores e contratos.

A desconfiança nos partidos se acentuou ainda mais nos primeiros anos do século XXI, a partir de dois fatos de grande alcance. O primeiro foi a mentira deliberada do governo Aznar sobre a autoria do atentado contra a estação de Atocha, em Madri, em 2004, atribuindo ao ETA aquilo que era, com toda a evidência, um bárbaro ataque da Al-Qaeda em represália à participação espanhola, ao lado de Bush, na Guerra do Iraque. A revelação dessa mentira, três dias antes das eleições, foi o elemento determinante da derrota do PP e da volta dos socialistas ao poder em 2004. O segundo fato, de muito maior envergadura, foi a crise econômica de 2008-10, que se intensificou nos anos seguintes, agravada pela incompetente gestão de Rodríguez Zapatero, que começou negando a existência da crise e acabou pondo em prática políticas de austeridade ditadas pelo Banco Central Europeu e por Angela Merkel, em função dos interesses específicos da Alemanha. Em conivência com o PP, chegou até a mudar a Constituição, introduzindo no artigo 135 elementos de política fiscal restritiva, em um dos maiores despropósitos na história daquilo que um texto constitucional deve conter. Com o sistema financeiro espanhol à beira do colapso e o país em vias de resgate por parte do Banco Central Europeu, em troca de cortes maciços nos serviços públicos, a crise de legitimidade política se transformou em crise social, com índices de desemprego nunca antes vistos. De repente, para a maioria da população, os partidos, todos, eram corruptos, embusteiros, a serviço da banca e subordinados aos poderes fáticos europeus para salvar o euro à custa da sanidade do povo. Foi nesse vazio de credibilidade da democracia espanhola que surgiu o clamor por uma democracia real.

O 15-M: "Não nos representam!"

O movimento social que teve início em 15 de maio de 2011 nas praças das principais cidades espanholas foi o mais poderoso e influente das mobilizações de protesto contra as consequências iniciais da crise financeira de 2008-14 na Europa e nos Estados Unidos. Foi amplamente espontâneo e se desenvolveu à margem de partidos e sindicatos, embora muitos militantes de esquerda e do movimento antiglobalização participassem dele. Surgiu a partir de manifestações a um chamado difundido nas redes sob a epígrafe "Democracia Real Ya!". Na verdade, esse foi o único ponto comum aos milhares de pessoas que participaram dos acampamentos mantidos durante um mês no espaço urbano liberado para a ocupação pacífica. Porque houve reivindicações de todo tipo, slogans variados e aspirações utópicas, frequentemente expressadas com humor e às vezes com poesia ("Não é uma crise, é que eu já não te amo"), mas o fio condutor do protesto foi a rejeição à representatividade dos partidos e da política institucional em relação ao conjunto dos cidadãos. Os "indignados", como se autodenominou o movimento, tentaram reinventar a democracia em sua própria prática, mediante uma organização assemblear e deliberativa, que combinou os debates no espaço público urbano com a interação constante no espaço público virtual das redes de internet. Construíram, assim, um território de autonomia híbrido entre o real digital e o real urbano, como condição indispensável para se encontrar, se reconhecer e buscar novas formas de relação política e utopia cultural, das quais pudesse surgir uma democracia diferente das formas vazias e cínicas que ocupavam as instituições, sem controle dos cidadãos, com escasso respeito aos princípios que proclamavam. Foi, nesse

Espanha: movimentos sociais, fim do bipartidarismo... 101

sentido, uma expressão aberta da crise de legitimidade política latente tanto na Espanha como no resto do mundo.

Por isso o 15-M recebeu durante anos um apoio popular majoritário (segundo as pesquisas, mais de dois terços da população), embora o sentimento geral fosse de que suas críticas e seus projetos de mudança política eram elogiáveis, mas não chegariam a se concretizar, pela rejeição frontal que enfrentaram por parte dos principais partidos, das instituições e da maioria dos meios de comunicação. Na realidade, em última análise, o impacto do movimento foi decisivo para mudar a sociedade e a política espanholas. No contexto de uma crise econômica que mergulhou no desemprego a maioria dos jovens, a denúncia sobre a prioridade dada pelos governos à defesa das instituições financeiras, em detrimento das condições de vida das pessoas, repercutiu profundamente na mente dos cidadãos e suscitou protestos e reivindicações em múltiplos âmbitos. Em particular, na campanha contra os despejos injustos conduzida pela Plataforma de Afectados por la Hipoteca, matriz de novas formas de organização social e de lideranças, que evitou o despejo de centenas de milhares de pessoas e conseguiu decisões judiciais europeias e espanholas que estabeleceram limites à rapacidade dos prestamistas. Do movimento surgiram os debates que expuseram com força em toda a sociedade os valores de dignidade, de igualdade de gênero, de tolerância, de paz e, sobretudo, a possibilidade de uma vida diferente, para além da burocracia e do mercado. A maioria dos participantes tinha menos de 35 anos, mas sua influência se estendeu ao conjunto da população, através das redes sociais – que então incluíam dois terços dos cidadãos entre os usuários – e do impacto gradual sobre certos meios de comunicação cujos jornalistas ecoaram os valores de humanidade e decência, independentemente da atitude hostil dos proprietários de tais veículos. De modo que, confirmando a experiência histórica segundo a qual quando as pessoas mudam as instituições também acabam mudando, o impacto dos valores e atores do movimento transformou o panorama político espanhol.

Da crise de legitimidade à nova política

Contudo, o primeiro impacto político do movimento foi, paradoxalmente, a derrota do Partido Socialista no governo e a maioria absoluta do PP, um dos partidos mais corruptos e antissociais da Europa, nas eleições parlamentares de novembro de 2011. Costuma acontecer. Como ocorreu em junho de 1968 na França, após o histórico Movimento de Maio. Golpeado pela crise econômica e em parte assustado pela crise social, o eleitorado atribui a culpa ao governo da vez e se entrega à única opção possível, que num sistema bipartidarista só pode ser "o outro". De fato, essa eleição foi o canto do cisne do bipartidarismo na Espanha.

Efetivamente, a porcentagem de votos de socialistas e populares, juntos, caiu de 73,3% em 2011 para 50,7% em 2015. O declínio foi especialmente pronunciado para o Psoe, que de

43,8% em 2008 caiu para 28,7% em 2011 (com o candidato Alfredo Pérez Rubalcaba), a maior queda de sua história, e continuou descendo até chegar a 22,6% em 2016 (com o candidato Pedro Sánchez), perdendo mais de 1,5 milhão de votos em comparação a 2011. Enquanto isso, o PP perdeu quase 3 milhões de votos em relação a 2011, situando-se em 33% em 2016. Ao mesmo tempo que os dois grandes partidos perdiam apoio substancialmente, novos atores políticos entravam em cena. Pela direita, o Ciudadanos, um pequeno partido nascido na Catalunha como reação espanholista ao nacionalismo catalão, foi escolhido pela elite financeira como embrião de uma direita neoliberal moderna e mais apresentável do que o PP, cada vez mais corrupto. Sob a liderança de um carismático jovem advogado funcionário do Caixabank, atraiu setores profissionais das grandes cidades e se estabilizou acima dos 3 milhões de votos, quase os mesmos que o PP perdeu, correspondendo a 13% do total. De modo que a direita manteve sua maioria relativa, mas agora diversificada entre dois partidos. A maior transformação, porém, se produziu na esquerda, uma consequência direta do 15-M e de outros movimentos sociais. Foi o aparecimento daquilo que se convencionou chamar de Podemos e suas confluências. Porque em torno do partido foram se articulando em todo o Estado espanhol diversas formações, também oriundas dos movimentos, nas diferentes nacionalidades e regiões, em particular na Catalunha com os "comuns", em Valência com o Compromís, na Galícia com as Mareas, assim como diversas coalizões locais e regionais. Tudo isso apesar da juventude e da inexperiência desses grupos. O Podemos se constituiu em janeiro de 2014 e teve um começo fulgurante nas eleições europeias de maio daquele ano, nas quais obteve 8% dos votos e cinco eurodeputados. Mas a verdadeira mudança política vinda da esquerda se produziu nas eleições municipais e nas regionais de maio de 2015. As diferentes coalizões surgidas do 15-M passaram a governar, em aliança com o Psoe e com partidos nacionalistas catalães e bascos, as prefeituras de Madri, Barcelona, Valência, Saragoça, La Coruña, Santiago, Pamplona, Cádiz e de muitas outras cidades. E seu apoio permitiu que os socialistas governassem em Sevilha, Valladolid e outras cidades, e que arrebatassem do PP os governos regionais em Valência, Baleares, Aragão, Extremadura, Castela-La Mancha, Astúrias e Navarra. Com exceção de Madri, Galícia e Castela e Leão, o PP perdeu todo o poder regional que foi a base institucional de seu financiamento ilícito. O novo municipalismo progressista e as alianças regionais de esquerda (incluindo a Esquerda Republicana, na Catalunha) mudaram o mapa político espanhol apenas quatro anos depois do 15-M. A análise estatística de Arnau Monterde mostra uma significativa correlação espacial entre as cidades onde o 15-M incidiu com mais intensidade em 2011 e a votação majoritária de esquerda nas eleições municipais de 2015.

Os resultados das eleições gerais de dezembro de 2015 consagraram a emergência de um quadripartidarismo imperfeito na Espanha. O PP continuou como o mais votado, com 28,7%, mas sem possibilidade de maioria absoluta no futuro e depen-

Espanha: movimentos sociais, fim do bipartidarismo... 105

dendo de outros partidos para poder governar. O declínio do Psoe o levou a 22%, enquanto o Podemos e suas confluências registravam 20,6% e o Ciudadanos obtinha quase 14%. Embora, nos meses seguintes, tenha havido variações derivadas do processo político, que analiso um pouco mais adiante, a última sondagem do Centro de Investigaciones Sociológicas (CIS), no momento em que escrevo estas páginas, em julho de 2017, desenha um panorama similar ao de dezembro de 2015, ainda que com uma melhora do Psoe: 28,8% para o PP, 24,9% para o Psoe, 20,3% para o Unidos Podemos e 14,5% para o Ciudadanos. Sempre contando com situações específicas na Catalunha e na Euskadi,* onde os partidos nacionalistas mantêm sua influência. É importante notar, antes de prestar atenção à dinâmica do processo político, que esse jogo de quatro lados é o resultado direto da crise de legitimidade do sistema político como consequência da crise econômica, do ceticismo cidadão quanto à política tradicional e, sobretudo, do aparecimento de novas opções políticas, que oferecem esperança aos votantes decepcionados, embora a resistência do establishment seja feroz, como veremos. Por sua vez, essas mudanças na opinião política, com consequências eleitorais diretas, se devem principalmente a dois fatores. O primeiro é a ação dos movimentos sociais, em particular o 15-M, com sua crítica às injustiças do sistema social e político, a qual teve ampla repercussão na mente dos cidadãos. O segundo é a profunda mudança geracional no comporta-

---

* No idioma basco, sigla de Comunidade Autônoma do País Basco. (N.T.)

mento político, tal como demonstrou Jaime Miquel. Tanto o PP como o Psoe são partidos de velhos. A maior parte de seus militantes tem mais de sessenta anos, e seus eleitores só são maioria a partir dos grupos etários de mais de 55 anos. Ao passo que tanto o Podemos e suas confluências quanto o Ciudadanos concentram seus votos nos grupos de menos de 45 anos. E, no caso do Podemos, quanto mais jovens são os cidadãos, mais detectável é a preferência deles por esse partido, a ponto de que, se as eleições só contassem com o voto dos de menos de 45 anos, o Podemos teria maioria absoluta no país. Alguns veem nessa linha divisória de idade o anúncio do desaparecimento dos partidos tradicionais, substituídos por expressões políticas adaptadas às novas gerações. Contudo, a elevada expectativa de vida das gerações de mais idade e seu peso demográfico limitam no tempo o efeito direto da mudança geracional sobre o sistema político. Na realidade, a transformação mais profunda provém da crise de representatividade dos partidos tradicionais, conquanto contida pela inércia das instituições.

Da mudança política à mudança de política

O caminho que vai da mudança social à mudança institucional transita pela formação de governo. E é aqui que mais pesam a envergadura institucional do Estado e a solidez da ação dos grupos de pressão. Para começar, o princípio "um cidadão, um voto" não se concretiza em nenhuma democracia, com exceção de Israel. As leis eleitorais são decididas pelos partidos no poder e costumam refletir, por um lado, um viés conservador (por exemplo, o voto rural conta mais do que o dos grandes centros urbanos) e, por outro, uma desvantagem para os partidos menores, geralmente coincidentes com tendências renovadoras na sociedade. Daí que os partidos tradicionais tenham um número de assentos maior do que sua proporção de votos, e que essa defasagem seja mais acentuada nos partidos de direita como o PP. Em regimes parlamentaristas, como o espanhol, uma vez constituídos os parlamentos, a formação de governos e, portanto, em última análise, as políticas dependem de alianças entre interesses próximos. A não ser que exista maioria absoluta de um partido, uma situação excepcional que se deve mais à crise dos adversários do que à hegemonia de um partido. Em 2011, o PP obteve essa maioria em consequência de uma abstenção ou voto de castigo para um Partido Socialista eleito pela esquerda que geriu a crise com uma política de direita, denunciada pelos movimentos sociais. Mas, conforme se aprofunda a crise de representação entre os cidadãos, as maiorias relativas dos partidos tradicionais vão se reduzindo até a ponto de não poderem governar se não for por meio de alianças, seja compartilhando governo, seja por acordos parlamentares. Foi o que aconteceu na Espanha como resultado da irreversível passagem do bipartidarismo ao quadripartidarismo. Após as eleições de dezembro 2015, a maioria relativa do PP era tão exígua que nem sequer podia chegar a ser suficiente com o apoio da direita renovada, a saber, o Ciudadanos. Um apoio que de todo modo não podia ser incondicional, porque o Ciudadanos se apresenta como uma alternativa à corrupção e ao autoritarismo do PP, atraindo o voto de parte das novas classes médias. A situação política resultante dessa decaída dos grandes partidos foi semelhante àquela apresentada em grande parte da Europa ante a crítica social aos velhos partidos como consequência da crise econômica. E como em outros países, o projeto de governo das elites políticas e financeiras espanholas foi a chamada "grande coalizão", à imagem e semelhança da Alemanha, usualmente sob direção conservadora. Quanto maior o perigo de acesso ao poder por parte de novas forças contrárias ao sistema, maior é a pressão dos poderes fáticos europeus e nacionais rumo à fórmula da grande coalizão. Geralmente o resultado é a debilitação gradual da social-democracia, até chegar ao seu virtual desaparecimento, como aconteceu na Grécia, na Itália e na Holanda. Precisamente por esse precedente, Pedro Sánchez, secretário-geral do Psoe, resistiu a uma aliança com o PP, apesar do chamamento do líder histórico Felipe González em favor de tal política. Para resolver essa situação de bloqueio de maioria parlamentar, Sánchez tentou uma aliança dupla em direção à direita e em direção à esquerda, com o Ciudadanos e o Podemos. Algo quase impossível porque os programas eram inconciliáveis entre si, particularmente em relação à questão catalã. Além disso, o Podemos, animado por ter obtido somente 332 mil votos a menos que o Psoe, embora com uma diferença de 21 assentos, tinha a esperança de superar os

Espanha: movimentos sociais, fim do bipartidarismo... 109

socialistas em novas eleições, votando contra essa aliança de centro-direita. Mas as novas eleições de junho de 2016 também não resolveram o dilema, com o aumento da maioria relativa do PP, o declínio continuado do Psoe e o estancamento do Podemos em torno de uma quinta parte dos votos. Ou seja, constatou-se que o quadripartidarismo equivalia à paralisia do sistema político, a menos que desembocasse em uma nova política de alianças em torno de dois eixos: direita/esquerda e nova/velha política. Na prática, isso significava ou uma grande coalizão ampliada (PP, Psoe, Ciudadanos) ou uma coalizão de esquerda (Psoe, Podemos) sustentada pela abstenção de partidos nacionalistas, em particular catalães. Esta segunda opção se inspirava na experiência de Portugal, que tinha dado ao país estabilidade política e social para sair da crise. Mas a importância estratégica da Espanha na União Europeia em crise era muito maior – e, para os poderes fáticos, maior ainda era o perigo de um partido claramente contrário à austeridade como o Podemos chegar ao governo. Foi então que as elites financeiras e as potências europeias se mobilizaram em torno de uma estratégia articulada em três iniciativas. Isolar e desprestigiar o Podemos, considerado cada vez mais a inesperada ameaça política para a estabilidade do sistema. Cortar as asas do Ciudadanos, para que deixasse de veleidades social-democratas, se proclamasse neoliberal e apoiasse o PP, mesmo com distância discursiva, para formar um bloco de direita com possibilidades de governo. Mas, sobretudo, era necessário que o Psoe limitasse suas ambições de esquerda e deixasse a direita governar mediante uma abstenção que permitisse ao difamado Rajoy voltar a ser investido primeiro-ministro, em vez de ter que se recorrer a terceiras eleições. Uma extraordinária campanha midiática relacionou as terceiras eleições a uma catástrofe nacional, quando na realidade os cidadãos eram relativamente indiferentes ao tema, até que se renderam ao bombardeio ideológico. Entretanto, os mecanismos de contenção da mudança política encontraram de repente um obstáculo imprevisto: a resistência do secretário-geral do Psoe, Pedro Sánchez, um político da nova geração que acreditava no respeito às promessas eleitorais. E foi assim que se originou uma das conspirações mais rocambolescas da história política recente da Espanha e da Europa. Um episódio que merece comentário porque encerra lições importantes para entendermos a crise de legitimidade política, assim como algumas das vias de regeneração democrática.

Prolegômenos à grande coalizão: assassinato no Comitê Federal

Assim como outros partidos social-democratas europeus, o Psoe tentou deter seu declínio com medidas de renovação interna, sem entender que a crise que sofria era sobretudo estrutural, por ter abandonado as políticas de esquerda, principalmente a defesa do Estado de bem-estar. Além disso, seu centralismo jacobino e sua incompreensão da questão catalã conduziram gradualmente a uma crise do Partido Socialista da Catalunha, cada vez mais dilacerado em seu eleitorado entre o S e o C. Sendo que, analisando os dados, salvo nas eleições de 1982, o Psoe não teria vencido nenhuma outra sem o diferencial de assentos (não o número absoluto) com relação ao PP na Catalunha. Mesmo assim, após os fracassos eleitorais de 2011 e 2014, Alfredo Pérez Rubalcaba, político veterano que substituiu Rodríguez Zapatero na direção do partido para tentar tapar os buracos que afundavam o barco do punho e da rosa, renunciou. Tentou-se então a renovação do Psoe através da eleição direta do secretário-geral pelos militantes. Embora tudo indicasse que a presidente da Junta da Andaluzia, Susana Díaz, seria a escolhida, levando-se em conta seu férreo controle da federação mais numerosa do Psoe, ela decidiu não arriscar seu cômodo assento andaluz e preferiu apoiar, em caráter momentâneo, um candidato relativamente jovem – Pedro Sánchez, economista e professor universitário – contra o escolhido do grupo parlamentar que, conforme pensou, seria menos controlável. Como costuma acontecer nesses casos, Sánchez se afirmou rapidamente devido à sua personalidade e estratégia política, ante o estupor do aparelho do partido, que o considerava um líder transitório.

Após as eleições de 2015, Sánchez rechaçou a aliança com Rajoy e quis impulsionar uma maioria alternativa. Os próceres do partido lhe aconselharam, ou quase lhe ordenaram, que nessa aliança privilegiasse o Ciudadanos, ou seja, a nova direita, e que de nenhuma forma pactuasse com o Podemos e em absoluto com os nacionalistas catalães, que propugnavam um referendo sobre a independência. Na prática, isso predeterminava um campo de ação rumo à grande coalizão, em diferentes versões. Sánchez resistiu a essas pressões e tratou de integrar o Podemos na aliança de governo, sem êxito, por causa da intransigência ideológica e tática tanto do Podemos quanto do Ciudadanos. Surgiu então uma profunda inquietação entre os líderes históricos do partido e seu representante na terra, a presidente da Andaluzia. Qualquer aliança com o Podemos ou com o nacionalismo catalão constituía uma linha vermelha que não se podia ultrapassar. Mas, mesmo assim, Sánchez seguia tentando formar um governo progressista que derrubasse Rajoy, manobrando em busca de possíveis fórmulas em meio a um ácido debate interno desencadeado pelos barões regionais do Psoe, que temiam uma divisão de recursos favorável à Catalunha em detrimento próprio. E como o poder deles se apoiava em suas redes clientelistas, alimentadas com fundos públicos, qualquer perda de uma parte do bolo era percebida como uma ameaça à sua sobrevivência política. Conversa vai, conversa vem, acabou-se o prazo para a formação de governo com maioria no Parlamento e houve novas eleições em junho de 2016, tal como expus anteriormente. Sánchez, conhecedor do sentimento anti-Rajoy das bases socialistas, concorreu a essas eleições com a expressão inequívoca de que em nenhum caso apoiaria um governo do PP. E, ante pressões públicas e privadas para aceitar um compromisso, cunhou a famosa promessa "Um não é um não", aclamada nas urnas por um amplo setor de votantes socialistas que, mesmo se distanciando do

Espanha: movimentos sociais, fim do bipartidarismo...   113

Podemos, se inclinavam para uma aliança de esquerda. Após as eleições se produziu então um enfrentamento direto entre os poderes fáticos espanhóis e seus representantes no Psoe e um secretário-geral que desejava ser fiel à palavra dada ao seu eleitorado. Na prática, isso equivalia a uma escolha entre três posições. A primeira, manter o bloqueio no sistema político, conduzindo a terceiras eleições. A segunda, a abstenção do Psoe na sessão de investidura, permitindo que a maioria relativa da direita (PP e Ciudadanos) possibilitasse a Rajoy a renovação como primeiro-ministro. A terceira, buscar uma maioria alternativa que, de novo, só podia se produzir numa aliança com o Podemos e com o apoio parlamentar dos partidos catalães. Apesar de Sánchez ter considerado essa última possibilidade, não houve negociações concretas. Antes que ele pudesse sequer explorá-la, desencadeou-se uma tempestade dentro do Psoe, encabeçada por Susana Díaz e apoiada por todos os ex-presidentes socialistas, para defenestrar Sánchez de seu posto de secretário-geral. O que aconteceu foi uma verdadeira conspiração. Em 23 de setembro de 2016, segundo uma reportagem confiável de *La Opinión-El Correo de Zamora*, Susana Díaz se reuniu clandestinamente por doze horas com os principais barões regionais do Psoe, inclusive o presidente das Astúrias, Javier Fernández, e, provavelmente, Rodríguez Zapatero, no restaurante El Ermitaño, próximo a Benavente (Zamora), a fim de elaborar uma estratégia que obrigasse Sánchez à demissão, deixando assim o caminho livre para uma abstenção que permitisse a Rajoy chegar ao governo. Conspiração fomentada por importantes meios de comunicação, em particular o jornal *El País*, no qual tem decisiva influência Felipe González, que declarou se sentir "enganado" por Sánchez. Sem entrar nos detalhes suculentos, mas pouco relevantes, dessa conspiração, o importante é se perguntar o porquê do alarme político criado na Espanha e na Europa sobre uma questão tática do Psoe. Alarme à beira da histeria, já que Sánchez nem sequer havia definido a maioria alternativa nos termos que os conspiradores suspeitavam. A explicação para tal pânico se resume em uma palavra: medo. Medo da desestabilização do sistema de consenso bipartidarista sobre o qual se baseavam a ordem política espanhola criada na transição e os privilégios recorrentes de seus atores. Essa ordem estava ameaçada pelos novos atores políticos surgidos dos movimentos sociais durante a crise. Por um lado, o Podemos e suas confluências levavam ao Parlamento e aos grandes municípios as novas aspirações de cidadãos fartos da injustiça, da corrupção e da indiferença dos governantes ao seu clamor reivindicativo. O controle dos poderes fáticos sobre as instituições democráticas estava se despedaçando. Por outro lado, o movimento social independentista havia articulado o projeto nacional catalão com vistas à petição de um referendo que ameaçava a própria estrutura do Estado espanhol, como analisarei adiante. Mais grave ainda: o Podemos e suas confluências apoiavam a petição de referendo vinculante na Catalunha, embora não a independência, multiplicando, assim, o efeito da insurgência política que se produzia no conjunto do país. Se o Psoe derivasse para uma possível aliança com os ato-

Espanha: movimentos sociais, fim do bipartidarismo... 115

res dessa profunda mudança institucional, tudo seria possível. Desses temores – fundados no aspecto estratégico, embora não materializados no curto prazo porque Sánchez não fazia senão manter o "não é não" por coerência ética com seus eleitores, bloqueando a investidura de Rajoy –, surgiu o medonho golpe de Estado que se concluiu com o assassinato político do secretário-geral no confuso Comitê Federal do Psoe em 1º de outubro de 2016. O excelente livro *Los idus de octubre*, do dirigente político do Psoe e ex-presidente do Parlamento Europeu Josep Borrell, que descreve e analisa a conspiração, permite que eu remeta o leitor à sua leitura, sem precisar entrar nos pormenores desse vergonhoso episódio. Acrescentarei somente, para ilustrar a veemência do que estava e está em jogo em torno do Psoe, a frase que, segundo testemunha fidedigna, Susana Díaz soltou, referindo-se a Pedro Sánchez: "Eu o quero morto já." E assim foi. Mas, como agora sabemos, os mortos ressuscitam no realismo mágico do quadripartidarismo. E, portanto, minha história analítica continua. Para entendê-la, contudo, devo primeiro introduzir o leitor no mundo fascinante, variegado e dramático do ator político que perturbou o conjunto do sistema político espanhol: o Podemos.

Era uma vez a revolução na era da informação

As reivindicações surgidas do 15-M não encontraram resposta por parte do Parlamento espanhol. Assim, após várias mobilizações importantes reprimidas pela polícia, alguns ativistas decidiram tentar a sorte na política institucional, porque os dramas humanos que surgiam em toda parte tornavam inadiável uma mudança de política. As eleições para o Parlamento Europeu em maio de 2014 ofereciam a primeira oportunidade de experimentar essa estratégia pela proporcionalidade do sistema de representação. Constituíram-se diferentes coalizões eleitorais em diversos pontos do país. Os principais ativistas do 15-M se agruparam no chamado Partido X, que se mantinha fiel aos princípios assembleares do movimento e renunciou à personalização de seus líderes, daí o X. Era um projeto a ser construído por quem se reconhecesse nele. Obtiveram 250 mil votos, sem chegar a conseguir um só deputado. A razão de seu relativo fracasso foi que o voto popular diretamente inspirado pela contestação radical do sistema se concentrou em uma nova formação política, o Podemos, constituída em janeiro de 2014 por um grupo de jovens acadêmicos nucleados a partir do Departamento da Faculdade de Ciências Políticas da Universidade Complutense de Madri. Alguns, como Pablo Iglesias, Juan Carlos Monedero e Irene Montero, provinham das Juventudes Comunistas. Outros, como Íñigo Errejón e Carolina Bescansa, do movimento antiglobalização. E outros ainda, como Miguel Urbán e Teresa Rodríguez, do Izquierda Anticapitalista. Mas todos eles haviam intervindo ativamente no 15-M e em suas posteriores mobilizações. Elaboraram um manifesto e convocaram pela internet os que quisessem levar as lutas sociais às instituições, começando pelo Parlamento Europeu. Tinham

Espanha: movimentos sociais, fim do bipartidarismo... 117

decidido que, se não tivessem resposta de pelo menos 50 mil pessoas em um mês, desistiriam. Em uma semana a adesão superou esse número. E assim, sem recursos nem apoios, exceto a lembrança do 15-M no imaginário coletivo, concorreram às eleições europeias com o êxito mencionado. As razões para o impacto imediato do Podemos, e para seu posterior desenvolvimento, são três. Em primeiro lugar, o caudal de crítica social que originou o 15-M afluiu para o primeiro projeto político que se referiu diretamente a essa crítica, ao mesmo tempo que afirmava o respeito pela autonomia do movimento. Em segundo lugar, a inteligente e ativa presença do Podemos nas redes de internet, o espaço natural das gerações jovens, que eram as mais suscetíveis de receber a mensagem de uma nova força política em ruptura com os partidos tradicionais, afetados pela desconfiança cidadã. O Podemos construiu um espaço virtual, denominado Ágora, que permitiu a incorporação modular de milhares de pessoas ao debate e à tomada de decisões em torno de suas iniciativas políticas. E, para além do próprio espaço de deliberação, o Podemos praticou uma autêntica guerrilha cultural, em múltiplas frentes e com plataformas multimodais, que o transformou no ator político de referência no ciberespaço. Mas essa capacidade de ação nas redes não era diferente daquilo que outros grupos oriundos do 15-M praticavam. Por isso, o que explica a vantagem comparativa do Podemos foi sua estratégia comunicativa na mídia tradicional: televisão e rádio. Nesse sentido, seu maior valor agregado foi a habilidade dialética de seu carismático líder, Pablo Iglesias, professor de

Comunicação Política, cujos rosto e rabo de cavalo característico se tornaram extremamente populares nos debates televisivos, para os quais ele foi frequentemente convidado a fim de encenar os enfrentamentos ideológicos com os comentaristas habituais. Além disso, Pablo Iglesias havia criado sua própria TV via internet, La Tuerka, em 2003, utilizando o satélite Hispasan, de propriedade iraniana. Ali produziu o programa Fort Apache, no qual entrevistou personalidades de todos os âmbitos. Assim conseguiu uma fiel audiência das muitas pessoas que não se reconheciam nas engravatadas discussões das TVs tradicionais. Sua liderança midiática foi o fator decisivo para a visibilidade imediata do Podemos. Na verdade, isso motivou uma contraestratégia do conjunto do establishment para liquidar a imagem de Iglesias, com o resultado paradoxal de que quanto mais a influência política do Podemos avançou, pior se tornou a imagem de Iglesias perante o conjunto da opinião pública. Contudo, tal como analisei no caso de Trump, a reação negativa da mídia sobre um personagem acaba levando à exposição permanente do mesmo na própria mídia, incrementando exponencialmente sua presença. Afinal, é disso que se trata em um mundo midiático dicotômico no qual tudo é uma questão de estar ou não estar, ainda que seja estar de forma negativa.

Há outro fator importante que explica o crescimento e a influência do Podemos: sua plurinacionalidade. Porque tal é a realidade da Espanha. E qualquer expressão política que não a reflita simplesmente reproduz estruturas de dominação históricas, mesmo que sejam de esquerda. Não foi uma opção

Espanha: movimentos sociais, fim do bipartidarismo... 119

ideológica do Podemos. Pelo contrário, o Podemos surgiu de múltiplos movimentos sociais que em cada nacionalidade e região incorporaram uma identidade cultural própria. O reflexo leninista que com frequência é atribuído ao Podemos teria determinado um centralismo semelhante ao de outros partidos, incluindo os socialistas. Mas o caráter consultivo e parcialmente assemblear de sua militância determinou que, na realidade, não se possa falar estritamente do Podemos, mas, sim, segundo a expressão jornalística, do "Podemos e suas confluências". Não é uma expressão adequada, já que se trata, na verdade, de uma confederação de organizações e movimentos, mais próxima da tradição anarquista do que da comunista. O Catalunya en Comú, as Mareas galegas ou o Compromís em Valência não são de modo algum dependências do Podemos. São organizações autônomas que frequentemente têm políticas e posicionamentos próprios. Em vez de ser uma debilidade, essa diversidade autêntica, enraizada em culturas próprias, é uma das principais forças do Podemos. Tal como o demonstra o fato de serem precisamente a Catalunha e a Euskadi os territórios onde, nas eleições gerais espanholas, o Podemos "e suas confluências" constituem a primeira força em número de votos.

O crescimento do Podemos, tanto em presença como em perspectivas eleitorais, é um caso único na história recente europeia: esta é uma observação empírica, não um juízo valorativo. Em janeiro de 2015, apenas um ano depois de sua criação, as pesquisas do CIS o situavam em primeiro lugar nas preferências de intenção direta de voto (ou seja, o que os cidadãos expressam antes que os analistas elaborem os dados). Foi então que se alastrou o pânico no establishment de direita e de esquerda. Podia ser aberto um caminho pacífico rumo a uma transformação revolucionária do Estado, porque naquele momento o Podemos não moderava a linguagem. Os políticos eram "a casta", a União Europeia sufocava a pátria e o inimigo era o capitalismo em seu conjunto. Soaram os alarmes e desencadearam-se estratégias midiáticas e institucionais de todo tipo, assim como todas as artimanhas políticas, sem restrições a mentir e caluniar. A principal via de ataque foi a suposta dependência financeira e política em relação à Venezuela bolivariana. Não é o caso de considerar, neste texto, a realidade desse vínculo. Basta dizer que os tribunais aos quais o Podemos recorreu não constataram nenhuma ilegalidade e que as conexões aludidas foram pessoais, de alguns dirigentes acadêmicos como Monedero e Errejón, que atuaram como consultores políticos e ministraram cursos para o governo da Venezuela durante um tempo limitado. Mesmo assim, a estratégia foi efetiva. O que o franquismo fez com os comunistas, associando-os ao ouro de Moscou, foi imitado pela democracia em relação ao Podemos e o petróleo de Caracas. Houve uma cascata de acusações falsas e semiverdadeiras, além de ataques pessoais a dirigentes e quadros do Podemos, incluídas manobras tais como listas negras nas empresas e administrações para lhes negar emprego. O que o Podemos pensava da ferocidade do sistema revelou-se verdadeiro, e ele pagou as

Espanha: movimentos sociais, fim do bipartidarismo... 121

consequências. Mesmo assim, após sofrer queda nas intenções de voto, nas eleições locais de maio de 2015 se recuperou o suficiente para construir alianças municipais e regionais decisivas em toda a geografia espanhola, como resumi anteriormente. E em dezembro de 2015, nas primeiras eleições legislativas depois de sua criação, o Podemos obteve 20,7% dos votos e, ainda que penalizado pela lei eleitoral, seus 69 assentos bloquearam a possibilidade de uma maioria suficiente tanto para o PP quanto para o Psoe. Embora o Ciudadanos também tenha contribuído em menor medida, o Podemos foi a alavanca que desfez o bipartidarismo espanhol, para a consternação das elites na Espanha e na Europa.

Mas nesse momento começaram os problemas para o Podemos, confrontado com o processo bizantino da formação de governo mediante alianças entre aparelhos. Que distância das assembleias solidárias da Puerta del Sol! Ainda que eu resista a fazer deste texto uma crônica de fatos conhecidos, preciso sublinhar alguns elementos de valor analítico geral. Rajoy, o líder do PP, foi encarregado pelo rei, como manda a Constituição, de formar governo. Contou os votos de que dispunha no Parlamento, viu que não eram suficientes nem sequer com o Ciudadanos, e abriu mão. Pedro Sánchez se candidatou, na condição de líder do segundo partido, e o rei lhe confiou a tarefa. Mas de repente Pablo Iglesias, com seus mais de 5 milhões de votos no surrão, se apresentou ante a mídia e se ofereceu publicamente para formar um governo conjunto com o Psoe, com ele como vice-presidente e vários ministros do Podemos já designados pelo próprio. Obviamente, não era uma boa maneira de negociar um governo, e Sánchez não se deu por achado. Mesmo assim, existia a possibilidade de um governo de esquerda, com apoio parlamentar dos partidos catalães e bascos. Tal como analisei anteriormente, a pressão dos poderes fáticos (leia-se elite financeira e poderes europeus) e do establishment histórico do Psoe obrigou Pedro Sánchez a incluir o Ciudadanos na possível aliança, arruinando-a e desencadeando a sequência de manobras políticas que desembocou na investidura de Rajoy em outubro de 2016 mediante a abstenção do Psoe, pilotada pelos golpistas da gestora que defenestrou Pedro Sánchez.

Mas a aliança frustrada entre o Podemos e o Psoe após as primeiras eleições em que a nova esquerda concorreu abriu um profundo debate entre os revolucionários fadados a ser reformistas. Ou se tratava antes de reformismo revolucionário, segundo a expressão clássica de André Gorz, entrando nas instituições para mudá-las? O debate se personalizou nas figuras de dois dirigentes: Pablo Iglesias e Íñigo Errejón. Este último, recém-entrado nos trinta anos, havia feito parte de seu doutorado na Universidade da Califórnia em Los Angeles, com uma tese sobre o nacional-populismo na Bolívia. Influenciado pelas ideias de Laclau, em particular pelo conceito dos vazios significantes, pensava que era preciso se dirigir ao conjunto dos cidadãos, afastando-se das ideias clássicas da esquerda, de tal modo que todos pudessem projetar em um programa pouco definido suas próprias aspirações e reivindicações. Para ele

Espanha: movimentos sociais, fim do bipartidarismo... 123

a melhor forma de ir gradualmente construindo hegemonia era não assustar as pessoas e fazer alianças institucionais o mais cedo possível, para não ficarem isolados em uma oposição ideológica. Sutil e estratégico. Mas não coincidia com a matriz majoritária do Podemos, mistura entre a indignação do 15-M e a tradição marxista de luta de classes, ainda que fosse em versão século XXI. Iglesias, em contraposição, tentava desbancar o Psoe de sua posição de segundo partido (o chamado *sorpasso*,* velho termo dos comunistas italianos), a fim de hegemonizar a esquerda como passo prévio à obtenção da liderança do processo de mudança. Por isso não aceitou a aliança com os socialistas em termos subordinados, ainda mais quando Sánchez, coagido por seu partido, teve que impor a presença do Ciudadanos em um contubérnio impossível. E também por isso, contra a opinião de Errejón e de uma parte do Podemos, Iglesias fez uma aliança eleitoral com os comunistas da Esquerda Unida (IU, na sigla em espanhol), medida prévia a uma possível fusão. O cálculo era aritmeticamente simples. Se aos mais de 5 milhões de votos do Podemos se somassem os mais de 900 mil da IU, ultrapassavam-se com folga os 5,5 milhões do Psoe. No entanto, as eleições de junho de 2016 mostraram o erro de tal estratégia. Um milhão desses votos perdeu-se na abstenção e o Unidos Podemos ficou abaixo do que o Podemos tinha obtido seis meses antes. Estava claro que nem os comunistas queriam perder seus traços de identidade nem os cidadãos

---

* Literalmente, "ultrapassagem", em italiano. (N.T.)

mobilizados com o 15-M se reconheciam na velha esquerda. O Podemos tomou nota disso e iniciou um processo de reflexão profundo, acossado pelos meios de comunicação, que viam a oportunidade de levar seus líderes a se enfrentarem, apostando claramente em Errejón, embora ele também seja um revolucionário *in pectore*, para conseguir dividir o Podemos. Fim da história. Mas não foi assim. Amadurecendo em marcha forçada, o Podemos realizou seu debate interno, com a participação de dezenas de milhares de militantes, em formato aberto na internet e em assembleias locais, e culminou em uma grande assembleia multitudinária em Madri (Vista Alegre II) na qual foram votadas estratégia, organização e liderança. Iglesias e suas teses venceram, com dois terços dos votos. Mas Errejón foi disciplinado e responsável: não houve divisão, rompendo assim com a tradição autodestrutiva da esquerda. Errejón continuou participando da direção do Podemos, ainda que obviamente debilitado, enquanto seus partidários perderam boa parte da influência. O Podemos se refugiou num projeto de articulação de lutas populares na rua e nos centros de trabalho com iniciativas parlamentares mais simbólicas do que eficazes, devido ao isolamento em que foi deixado pelo conjunto das forças políticas. Mesmo assim, sua moção de censura parlamentar em junho de 2017, embora condenada à derrota na votação, teve forte impacto na opinião pública. Principalmente graças ao discurso de Irene Montero sobre a corrupção do PP, que permanecerá nos anais parlamentares como antológico, por sua precisão analítica e paixão contida.

As teses debatidas no Podemos eram reflexo de problemas reais, e não fantasias ideológicas. Mas ajustar-se à sociedade dependia em parte de qual seria a evolução da esquerda no Psoe. Porque, se a social-democracia espanhola se afastasse do suicídio político de entrar na grande coalizão e se abrisse à possibilidade de uma alternativa de esquerda, na prática esse projeto passava necessariamente por uma aliança com o Podemos e suas confluências. E foi assim que o debate entre revolucionários sobre o reformismo possível e a construção da hegemonia foi sendo moldado pela ação política mais ampla em uma sociedade que já não aguentava a corrupção imperante e repelia a volta ao imobilismo bipartidarista.

Para além do neoliberalismo: a esquerda do século XXI

A mudança mais importante na renovação dos velhos partidos, sejam de esquerda, sejam de direita, é a possibilidade da eleição dos dirigentes, e em particular dos candidatos a presidir governos, por parte dos militantes. Não são primárias, no sentido dos Estados Unidos, nas quais quem vota são os cidadãos em geral, mas é um processo de designação política que limita o peso dos aparelhos porque há sempre alguma possibilidade de revolta das bases contra as amarras das burocracias de partido. Foi esse poder último dos militantes do Psoe que permitiu a ressurreição de Pedro Sánchez contra ventos e marés. Em vez de se acovardar e se desiludir ante a brutalidade de um golpe de Estado interno por parte de seus companheiros de partido, incluídos alguns de seus colaboradores mais diretos, ele se reafirmou em suas convicções de uma política de esquerda e, após algumas semanas de reflexão, decidiu lutar para, com base em um programa, voltar a ser eleito como secretário-geral, apoiado no sentimento dos militantes.

Por um desses acasos da vida, fui testemunha de sua reflexão e de sua decisão final. Pedro Sánchez quis se afastar da Espanha por alguns dias para se reencontrar. E foi para a Califórnia com a família. A Califórnia tem aquele exotismo de fim do mundo aonde chega gente de qualquer lugar e para qualquer coisa, território-limite da experiência humana, do qual surgem loucuras criativas do mais alto alcance, como a revolução tecnológica do Vale do Silício ou a fábrica mitológica de Hollywood da qual procedem muitas das histórias que povoam nossa mente. E como eu ando por ali uma parte do tempo, Pedro Sánchez, conhecedor de minha experiência e de meu interesse pelo socialismo espanhol, teve a ideia de conversarmos sobre o que havia acontecido e o que poderia acontecer. Eu, que tenho uma debilidade romântica pelas causas perdidas, como bem sabem meus amigos, animei-o a não se render. Porque, se o fizesse, seria o fim do Psoe, que acabaria fagocitado nas fauces históricas da grande coalizão, devoradora da social-democracia europeia. Falamos e falamos, passeando em meio ao rumor das ondas da praia de Santa Mônica, onde eu morava. Ficou claro para mim que ele tinha força suficiente para resistir e que, sobretudo, havia percebido que não seria possível a política progressista na qual acreditava sem que

Espanha: movimentos sociais, fim do bipartidarismo... 127

enfrentasse os poderes fáticos e aqueles que os representavam no partido. E que só podia fazer isso com o apoio dos militantes, enojados com a abstenção que favoreceu Rajoy. Assim foi clareando seus pensamentos, aparentemente sentindo subir a adrenalina de uma luta justa. Quando o acompanhei ao aeroporto, havia determinação em seu rosto, esperança em seu olhar. Suponho que ele foi traçando sua estratégia nos dias seguintes. Era a mais improvável das aventuras. Sánchez tinha contra si quase todo o aparelho do partido, o grupo parlamentar, o governo de Rajoy, que já lambia os beiços adoçados pelo futuro mel da grande coalizão anunciada pela troca de sorrisos com Susana Díaz, todos os ex-presidentes socialistas, os poderes europeus, as elites financeiras e a totalidade dos meios de comunicação, começando pelo *El País*, que lhe dedicava epítetos insultuosos em uma série de editoriais abertamente hostis. E, já que não tinha nada, não ficou nem com o assento parlamentar. Porque a primeira coisa que fez foi devolver seu diploma de deputado e ficar sem mandato, a fim de escapar à conjuntura de desobedecer ao partido, votando contra a investidura de Rajoy, ou abster-se, contrariando sua consciência e sua promessa eleitoral. A segunda atitude foi comparecer ao mais prestigioso programa político da televisão espanhola, "Salvados", de Jordi Évole, e contar tudo o que havia acontecido nos bastidores dos partidos, incluídas as pressões de que havia sido objeto por parte dos poderes fáticos. "Suicídio político!", clamaram unanimemente os comentaristas, demonstrando a dificuldade de pensar que outra política é possível. Na realidade, ambos os gestos tiveram efeito contrário. Na opinião pública em geral, Sánchez apareceu como um político honesto, uma raridade digna de encômios. E, entre os militantes socialistas para os quais o voto de abstenção que permitiu a Rajoy governar cheirava mal, surgiu a esperança de que seu partido voltasse a ser de esquerda, embora não acreditassem muito nisso. Então começou a saga de Pedro Sánchez, percorrendo agrupamentos socialistas por todo o país, conectando-se com quadros políticos indignados pela vergonha de uma gestora fratricida, sujeita aos ditames dos de sempre, recebendo o apoio significativo de influentes intelectuais ex-guerristas* como José Féliz Tezanos e Manuel Escudero, e recuperando o diálogo com os socialistas catalães acuados por uma direção andaluza que os considerava inimigos territoriais. Seu impensável projeto de reconstrução de um partido social-democrata em queda livre, à semelhança dos congêneres europeus, foi beneficiado pela inépcia e pela arrogância de Susana Díaz e seu areópago conspiratório. Pensaram que o tempo cura tudo e que, passados os ecos da ignominiosa abstenção, os militantes voltariam ao redil. E, em vez de convocar de imediato um congresso e a eleição de uma nova secretaria-geral antes que Sánchez recuperasse o fôlego, postergaram ambas as convocatórias até oito meses, atrasando inclusive a candidatura de Díaz, esperada como a nova líder socialista ungida pelos veneráveis do partido havia anos. Por fim, a presidente (da Andaluzia) decidiu anunciar sua candidatura a presidente (da Espanha) e se preparou para sua entronização,

---

* Ex-partidários do político Alfonso Guerra. (N.T.)

Espanha: movimentos sociais, fim do bipartidarismo... 129

aclamada por centenas de militantes e funcionários do partido, na presença de todos os ex-presidentes socialistas e do mítico Alfonso Guerra. Mas o interessante da política é que o processo é capaz de transformar a estrutura do poder. Ou seja, neste caso, o que ocorreu no processo de preparação da eleição do secretário-geral alterou os resultados previsíveis do mesmo. E isso teve a ver com a forma de fazer política no século XXI. Entra em cena José Antonio González, prefeito socialista da pequena povoação granadina de Jun e hacker por hobby, que havia inovado em sua cidade instaurando participação cidadã a partir das redes sociais com a ajuda de pesquisadores do MIT e o apoio do dono do Twitter. González, muito crítico em relação a Susana Díaz, desenhou um sistema de observação da atividade nas redes em torno das campanhas de Sánchez, Díaz e López (um candidato da terceira via). O acompanhamento diário desses movimentos permitiu a Sánchez uma vantagem informativa que foi decisiva. Aliás, vale a pena registrar um detalhe das novas formas de fazer política. O processo de eleição começa pela coleta de avais para alguém poder ser candidato. Os avais são nominais, o que faz com que o aparelho tenha vantagem na medida em que pode intimidar os críticos. E o número de avais predetermina a direção do voto final. Pois bem, contra todas as expectativas, Díaz mal superou Sánchez em avais. Contudo, o realmente interessante foi que os "sanchistas" detectaram o inesperado número de avais para Sánchez, mas, sabendo-se vigiados, filtraram informação em sentido contrário. De modo que o establishment socialista acreditou ter superado o desafio ultrapassando em muito os avais de seu adversário. Quando se fez a recontagem e se constatou que, exceto no feudo andaluz, Sánchez obtinha mais avais no resto do país, com proporções esmagadoras na Catalunha e em Valência, já era tarde demais. Não havia nem estratégia nem programas no campo de Susana Díaz, porque eles confiavam em sua superioridade. Foi assim, então, que Sánchez ganhou a eleição folgadamente. E daí à vitória de seu programa e de sua lista de dirigentes no congresso seguinte do partido, em junho de 2017, enquanto Díaz recolhia as velas e se entrincheirava em seu palácio de Sevilha, murmurando vingança entre dentes.

A ressurreição e a vitória de Sánchez tiveram três resultados imediatos no panorama político. De acordo com as sondagens do CIS em julho de 2017, o Psoe subiu de forma espetacular até situar-se a somente quatro pontos do PP, cujo apoio caiu para 28%, afetado pela exposição de sua corrupção nos tribunais. E mais: com a manutenção do Podemos em cerca de 21%, pela primeira vez a soma da esquerda superava a da direita (PP e Ciudadanos). Em segundo lugar, Sánchez decidiu explorar possíveis alianças com o Podemos, estabelecendo comissões conjuntas para elaborar acordos programáticos, sem dar atenção às advertências dos que demonizavam o Podemos. E em terceiro, o Podemos se abriu à possibilidade de aliança sem exigências prévias e propôs inclusive apoiar uma moção de censura encabeçada por Sánchez. Ou seja, um novo Pedro Sánchez definiu uma nova estratégia socialista, vislumbrando a possibilidade de uma nova política de esquerda espanhola. Agora as sementes do 15-M haviam se disseminado para além do Podemos para germinar também no Psoe, tal como desejou expressamente seu secretário-geral. Novas e velhas políticas de esquerda começaram a interagir. Porque a política do século XXI não pode se construir ignorando as raízes plantadas no século XX. O declínio dos partidos social-democratas é reversível desde que as políticas social-democratas sejam recuperadas nos novos contextos sociais. Algo que os socialistas europeus, em sua maioria, não fizeram, e por isso desapareceram. E algo que Pedro Sánchez, ao contrário, procurou fazer, após a transformadora experiência de sua morte política.

O problema de escrever, como estou fazendo, sobre um processo vivo é que o leitor, quando chegar a este ponto, já sabe como tudo acabou ou continuou, para além destas páginas. Espero, contudo, que as lições analíticas que podem ser destiladas até aqui continuem sendo úteis para entender a crise da democracia e sua possível reconstrução. Sobretudo porque esse processo de mudança está e estará em plena dinâmica nos tempos vindouros, na medida em que muito depende da crise do Estado a partir do tratamento político da questão catalã.

A questão catalã e a crise do Estado espanhol

Em 1º de outubro de 2017, desafiando violentas repressões policiais que deixaram cerca de oitocentos feridos, mais de 2 milhões de cidadãos da Catalunha tentaram votar em um referendo sobre a independência da região, convocado pelo governo da

Generalitat e tornado ilegal pelo Tribunal Constitucional a instâncias do governo espanhol. Dos 2.262.000 votos contabilizados (43,7% do censo), emitidos em condições precárias por causa da intervenção judicial e policial contra a votação, obviamente a imensa maioria optou pela criação de uma República Catalã independente no contexto da União Europeia. Porque os que eram contra quase não votaram. O governo do Partido Popular, pressionado pelo Ciudadanos e montado em uma onda de exaltação patriótica espanhola, se negou a reconhecer o referendo, refugiando-se na invocação da legalidade constitucional como condição prévia a qualquer diálogo. Embora o presidente da Catalunha, Carles Puigdemont, suspendesse a aplicação da declaração de independência derivada do resultado do referendo, Mariano Rajoy deu um ultimato à Generalitat e, por fim, sem dar ouvidos aos chamados à mediação por parte de líderes europeus, personalidades internacionais e até da Igreja católica, o governo interveio na autonomia da Catalunha. Sua atitude recebeu o apoio do Psoe (condicionado pelas divisões internas) em troca da promessa de uma reforma constitucional que revisasse a organização territorial do Estado espanhol. A aliança PP-Ciudadanos-Psoe permitiu obstar a oposição do Podemos e suas confluências, assim como do nacionalismo basco e galego, às medidas autoritárias que ignoraram o sentimento amplamente majoritário dos catalães sobre seu direito de decidir.

O resultado dessa confrontação desigual, cujas últimas consequências ainda estarão por ser vistas quando escrevo estas páginas, foi uma fratura profunda entre a Catalunha e a Espa-

Espanha: movimentos sociais, fim do bipartidarismo...   133

nha, assim como na Catalunha e na Espanha. E mais, também se rompeu o consenso constitucional entre os diversos partidos do Estado espanhol, pondo em questão o sistema de governos autônomos instaurado em 1978-80. Porque é preciso lembrar que a primeira divisão na crise catalã não foi em torno da independência, mas sim do direito de decidir dos catalães, e por conseguinte de outras nacionalidades reconhecidas constitucionalmente, em um Estado obrigado a refletir a plurinacionalidade histórica da Espanha. Enquanto o independentismo mal chegava a 50% da opinião catalã, o direito de decidir recebia o apoio de pelo menos três quartos dos cidadãos desde 2010, data em que se consolidou o conflito constitucional.

A raiz da crise institucional do Estado espanhol em 2017 reside nos defeitos de origem da Constituição de 1978. Uma Constituição baseada na negociação de partidos e territórios, vigiada e condicionada pelas estruturas do Estado franquista, em particular pelo Exército, poder fático, e pelo rei, que encarnava um projeto legitimador da sucessão do ditador, tentando ressituar a monarquia no contexto democrático da Europa.

O tema mais controverso da negociação constitucional foi o reconhecimento, ou não, da pluralidade nacional e a descentralização do Estado em um regime de regiões autônomas que se proclamou igualitário. A solução salomônica foi o artigo 2º da Constituição, que, por um lado, proclama a unidade da nação espanhola e, por outro, afirma que ela está constituída por nacionalidades e regiões. Foi o máximo que os relatores basco, catalão e comunista (cujo representante era Jordi Solé

Tura, importante constitucionalista catalão) conseguiram fazer ser aceito pelos partidos espanhóis de tradição centralista e pelas Forças Armadas, que, em troca, exigiram incluir dois artigos: o 8º, no qual se afirma o papel delas como fiadoras da unidade da Espanha, e o 155, que dá ao governo central o poder de intervir em qualquer Autonomia que incremente seu autogoverno à margem dos preceitos constitucionais. Não é casual a importância decisiva da questão nacional na transição democrática. Ela esteve na origem da rebelião militar que provocou a Guerra Civil e foi sempre a obsessão do ditador Franco. A ideologia nacionalista da direita espanhola ficou esculpida na frase lapidar de Calvo Sotelo no Congresso dos Deputados: "Antes uma Espanha vermelha que dividida." A rejeição ao nacionalismo catalão e basco foi um fator essencial na sublevação de Forças Armadas com nostalgias imperiais e debilitadas por sua triste realidade de míseras colônias africanas. Não por acaso foi o Exército da África, com a Legião à frente, apoiado pelos sanguinários *tabores** marroquinos, que protagonizou o levante. A unidade da Espanha foi sempre o princípio unificador do franquismo, o núcleo da fusão entre o Exército e o Regime, e a obsessão pessoal do ditador. Segundo o testemunho de Juan Carlos I, as últimas palavras que Franco lhe dirigiu na véspera de sua morte, segurando-lhe a mão, foram: "Alteza, a única coisa que vos peço é que preserveis a unidade

---

* No antigo protetorado espanhol do Marrocos, unidade de tropa regular indígena, pertencente ao Exército espanhol. (N.T.)

Espanha: movimentos sociais, fim do bipartidarismo... 135

da Espanha." A isso se consagrou o monarca, e foi essa a condição imposta aos partidos historicamente republicanos para aceitá-los no jogo político. Por que esse temor, quase único entre os Estados-nação europeus? Porque a Espanha não foi um Estado-nação típico, mas um Estado imperial e teocrático que integrou territórios e culturas diferentes em sua órbita, tanto nas colônias como na Península. E, enquanto Portugal conseguiu sua independência após uma breve dominação espanhola, as aspirações nacionais da Catalunha foram duramente reprimidas em 1640, 1714, 1934 e 1939.

A história não explica a crise do século XXI, mas é necessária para entendermos os limites constitucionais impostos no momento da transição democrática. Uma transição que foi louvada no mundo como exemplo de evolução sem ruptura, mas cujos condicionamentos foram se tornando evidentes com o passar do tempo. Aquilo que representou um enorme progresso democratizador em 1978-80 ficou defasado três décadas mais tarde, numa sociedade em que as novas gerações cresceram em liberdade e numa Europa democrática onde os seculares hábitos autoritários do Estado espanhol já não eram aceitáveis. A distância entre a abertura democrática, a tolerância social das diferenças culturais, o autogoverno das nacionalidades, por um lado, e o centralismo do Estado espanhol e de suas elites políticas, por outro, foi aumentando.

Durante longo tempo, o arranjo de conveniência mútua entre as elites políticas espanholas e as catalãs funcionou eficazmente: foi o chamado oásis catalão. Baseou-se no inteligente oportunismo político de um líder nacionalista como Jordi Pujol, cujo partido não teve problema em se aliar com a direita ou com a esquerda no governo de Madri, em troca de concessões financeiras e culturais para a Catalunha. E em troca de fazer vista grossa sobre as práticas corruptas sistêmicas de seu partido, Convergência e União (CiU, na sigla em catalão), e a frutífera corrupção da família presidencial catalã. O equilíbrio dessa hábil construção começou a se desfazer quando, no início do século XXI, a política catalã se democratizou mediante a irrupção de classes médias progressistas aliadas a uma classe operária espanhola agora integrada na Catalunha e com forte poder municipal. Isso fez com que a liderança nacionalista passasse à Esquerda Republicana da Catalunha (ERC), partido de raízes históricas, limpo em suas práticas institucionais e capaz de se conectar com os setores jovens nacionalistas, distanciados do nacionalismo conservador e corrupto que traiu suas esperanças. Assim se forjou a aliança tripartite entre a ERC, um Partido Socialista da Catalunha bicéfalo (socialista por um lado, catalanista por outro) e o que restava da importante tradição eurocomunista catalã rebatizada como Iniciativa per Catalunya, com incrustações verdes. Mas o governo tripartite progressista só pôde ser formado em torno do carisma de Pasqual Maragall, ex-prefeito da cidade de Barcelona, à qual deu projeção mundial com os Jogos Olímpicos de 1992. Maragall, neto de Joan Maragall, o grande poeta nacional catalão, é um acadêmico inteligente, independente, altamente educado. E, como me disse quando

Espanha: movimentos sociais, fim do bipartidarismo... 137

já era presidente (éramos amigos desde nossa época de rebelião estudantil), sentia que sua missão era conseguir um novo estatuto para a Catalunha que aumentasse consideravelmente o grau de autogoverno, sem esboçar o inquietante horizonte de uma independência que a Espanha nunca aceitaria. Quase conseguiu. Mas teve que deixar a presidência da Generalitat por motivos de saúde. Seu sucessor, José Montilla, ponte perfeita entre o socialismo espanhol e o catalanismo progressista, continuou a tarefa, aproveitando a chegada do Psoe ao poder na Espanha em 2004-08. Em 2005 foi redigido um projeto de estatuto de autonomia que incrementava o teto de autogoverno, embora respeitando os limites impostos por Madri. O estatuto foi aprovado pelo Parlamento catalão e depois pelo espanhol, ainda que convenientemente "escovado" (ou seja, rebaixado em competências e tom), segundo declarou Alfonso Guerra, presidente da Comissão Constitucional do Congresso. E, por fim, foi amplamente votado em referendo pelos cidadãos catalães em 2006. Ali se chegou muito perto de uma estabilização institucional das relações entre a Catalunha e a Espanha. E então, em 2008-10, o destino não quis assim.

Três acontecimentos jogaram no lixo essa oportunidade histórica de fazer da Espanha um país moderno e tolerante, para além da obsessão de Franco e do absolutismo íntimo do monarca. Por um lado, a crise econômica golpeou brutalmente o país, em particular os jovens, e Rodríguez Zapatero seguiu o ditame alemão das políticas de austeridade, agravando a situação. Por outro lado, o Partido Popular apresentou ante o

Tribunal Constitucional um recurso de inconstitucionalidade que, no essencial, desvirtuou o estatuto. Ali se percebeu a continuidade histórica ideológica entre o franquismo, sua sucessão monárquica e a direita espanhola, o PP e o Ciudadanos, um partido nascido na Catalunha com base num ataque sistemático ao nacionalismo catalão. A sentença do Tribunal Constitucional em 2010 derrubou as esperanças dos catalães, que se sentiram enganados e humilhados. Desse sentimento e da indignação contra as políticas de austeridade surgiu uma potente mobilização social que viu no soberanismo uma possibilidade, quase mítica, de recomeçar. Aquilo que o 15-M representou na Espanha contra a crise teve sua expressão na Catalunha em um movimento independentista cada vez mais radical, conforme analizou Marina Subirats. Tal como o 15-M (que nunca tomou posição sobre a independência para não dividir o movimento), o independentismo foi majoritariamente espontâneo, embora articulado em torno de duas organizações cívico-culturais, o Òmnium Cultural, com sua tradição de defesa da identidade, e a Assemblea Nacional Catalana, que foi federando movimentos cívicos em torno de um projeto independentista de novo cunho. Em sua vertente política radical, o independentismo gerou a Candidatura de Unidade Popular (CUP), um partido ao mesmo tempo independentista e anticapitalista arraigado entre os jovens. As tradicionais mobilizações em torno da Diada, festa nacional da Catalunha, a cada 11 de setembro, ofereceram a oportunidade de expressar a intensidade do sentimento soberanista. Foi particularmente decisiva a manifestação da

Espanha: movimentos sociais, fim do bipartidarismo... 139

Diada de 2012, na qual centenas de milhares de pessoas de toda a Catalunha compareceram ao Palau de la Generalit para pedir apoio ao presidente, Artur Mas, sucessor de Pujol. Produziu-se então o terceiro fator que ocasionou a mobilização independentista que desestabilizou o Estado espanhol. Artur Mas e seu partido estavam profundamente preocupados com a perda de influência no eleitorado catalão. A ERC aparecia como cada vez mais hegemônica dentro do nacionalismo. E a radicalização espanholista dos governos de Madri, simetricamente contrária ao nacionalismo na Catalunha, impedia a volta às alianças oportunistas com os partidos espanhóis. Sem duvidarmos da subjetividade nacionalista de Artur Mas, o que se produziu foi uma guinada de estratégia política eleitoral. Observando a força do independentismo, Mas e seu grupo afim na Convergência decidiram liderá-lo. Mas não foram eles os que iniciaram o independentismo, e sim os que se atrelaram ao movimento social tentando canalizá-lo eleitoralmente. Fracassaram porque de fato perderam votos, que migraram para os partidos mais claramente independentistas, a ERC e até a CUP, expressão de um independentismo sem concessões. A partir daí, o avanço do independentismo político os levou a ganhar as eleições no Parlamento da Catalunha, mas apenas em aliança com as diferentes facções do independentismo e com um programa que incluía proclamar a independência em dezoito meses. Foi um ponto sem volta, resultado de uma convergência de fatores que nunca foram planejados ou controlados. Esse foi o processo que levou à tentativa de secessão da Catalunha e ao qual o Estado espanhol, porque disso depende sua vida, respondeu pela força sem aceitar negociar em nenhum momento sobre o essencial: o direito de um território do Estado de decidir, por mais especificidade histórico-cultural que tenha. No momento decisivo do enfrentamento com o Estado espanhol, o independentismo se viu gravemente debilitado pela fuga em massa das principais empresas catalãs, que transferiram suas sedes para diversos territórios espanhóis (Caixabank para Valência, Banco Sabadell para Alicante, Gas Natural, Aguas de Barcelona e Planeta para Madri etc.). Esse foi um golpe mortal na declaração de independência. Decisões compreensíveis do ponto de vista de uma estrita lógica empresarial que rejeita a incerteza. A consequência foi que se prefigurou o espectro de uma Catalunha empobrecida e isolada da Europa, apesar da simpatia da opinião pública internacional por um movimento pacífico e democrático.

Embora a indignação contra a repressão policial suscitasse a solidariedade de partidos progressistas, como o Podemos ou o Catalunya en Comú, em relação aos que defendiam o direito ao referendo, o anti-independentismo se mobilizou com força, tanto na Catalunha como na Espanha. O resultado foi uma divisão social profunda, a partir da qual se tornou mais difícil sustentar o enfrentamento com um intransigente Estado espanhol que defendia a própria existência com suas últimas energias.

A consequência da solução de força imposta ao soberanismo catalão foi a distância psicológica entre a maioria dos cidadãos espanhóis e a maioria dos cidadãos catalães, assim como a ruptura

Espanha: movimentos sociais, fim do bipartidarismo... 141

da solidariedade básica em uma nação constituída pelo Estado acima da plurinacionalidade real dos povos que coexistem nesse Estado. Essa distância se articulou politicamente. Enquanto a nova esquerda, representada pelo Podemos e suas confluências, se tornou o paladino da plurinacionalidade e do direito a decidir dos povos integrantes do Estado espanhol (catalão, basco, galego), a direita espanhola se encastelou no centralismo de matriz castelhana, incluindo um nacionalismo extremo representado pelo Ciudadanos e pela direita do PP. Quanto ao Psoe, este ficou internamente fraturado entre o fervor patriótico de seus dirigentes históricos, representados no partido pela presidente da Andaluzia, e a abertura democrática à plurinacionalidade com a qual o secretário-geral votado pelas bases tentava estabilizar o Estado espanhol mediante uma reforma constitucional que aceitasse a pluralidade histórica do mesmo. A não ser que esse projeto de integração pactuada consiga apoios suficientes na sociedade e na política do Estado espanhol, à crise de legitimidade política motivada pelo déficit democrático de sua representatividade social se somará a crise derivada de sua incapacidade de representar as diferenças nacionais, cuja densidade histórica e cultural não pode ser ignorada ou reprimida. O atual Estado espanhol, entronizado em uma monarquia de duvidosa legitimidade em sua origem, incapaz de expressar uma realidade plurinacional e desvirtuado pela corrupção de uma direita que ainda controla os poderes fáticos, vive à beira de uma crise constitucional que poderia pôr em perigo a convivência cidadã.

A experiência espanhola e a reconstrução da legitimidade democrática

O 15-M foi matriz e inspiração dos movimentos sociais em rede que se estenderam pela Europa, pelos Estados Unidos e também pela América Latina, particularmente no Brasil e no México, em resposta à crise econômica e à ruína da legitimidade política. Em alguns casos, como em Occupy Wall Street, foram ativistas americanos e espanhóis participantes da Puerta del Sol que iniciaram os acampamentos em Nova York. As redes sociais mobilizadas em torno da parisiense Place de la République pelo Nuit Debout, em 2016, foram em parte desenhadas por ativistas catalães convocados pelo movimento francês. Em muitos outros casos, os movimentos que surgiram por toda parte fundamentaram-se na experiência dos acampamentos espanhóis, com os quais estiveram diretamente conectados durante meses. E, sobretudo, ativistas de todo o mundo puderam apreciar que "sim, nós podemos".

O Podemos, como expressão política direta do 15-M no espaço parlamentar, é a experiência mais debatida em todos aqueles países onde os ativistas enfrentam o mesmo dilema que os espanhóis. Ou seja, como entrar nas instituições e mudar a política sem serem cooptados pelo sistema. Sua trajetória é acompanhada com atenção em todo o mundo e faz parte do imaginário coletivo dos novos atores sociais e políticos nas gerações mais jovens.

Espanha: movimentos sociais, fim do bipartidarismo... 143

E se Pedro Sánchez conseguisse ancorar o Psoe na esquerda mediante a adaptação das políticas social-democratas às novas condições sociais e à cultura das novas gerações, estaria criando as bases para a superação parcial da crise que está levando os socialistas europeus ao desaparecimento como força política significativa. Se isso acontecesse, ele estaria reforçando as possibilidades de um renascimento social-democrata exemplificadas por Jeremy Corbyn no trabalhismo britânico e por António Costa no socialismo português.

Em todos os casos, estaríamos diante de embriões de regeneração democrática na medida em que se estabelecessem conexões entre as críticas e aspirações dos cidadãos e um novo sistema político permeável a elas. Ante a saída da crise de legitimidade representada pelo populismo de extrema direita, nos Estados Unidos, na Inglaterra, na Itália ou no Leste Europeu, estaria surgindo uma possibilidade de política transformadora de esquerda capaz de responder à deterioração democrática com novas propostas de participação política e autonomia em relação ao poder financeiro e midiático.

Daí que a experiência espanhola adquira um sentido muito mais amplo do que o de transitar rumo a uma nova transição democrática: ela poderia ser o protótipo vivo de que outra política, e outra democracia, são possíveis no século XXI.

5. No claro-escuro do caos

No lo que pudo ser:
es lo que fue.
Y lo que fue está muerto.

OCTAVIO PAZ,
Lección de cosas, 1955

EM TEMPOS DE INCERTEZAS costuma-se citar Gramsci quando não se sabe o que dizer. Em particular, sua célebre assertiva de que a velha ordem já não existe e a nova ainda está para nascer. O que pressupõe a necessidade de uma nova ordem depois da crise. Mas não se contempla a hipótese do caos. Aposta-se no surgimento dessa nova ordem de uma nova política que substitua a obsoleta democracia liberal que, manifestamente, está caindo aos pedaços em todo o mundo, porque deixa de existir no único lugar em que pode perdurar: a mente dos cidadãos.

A crise dessa velha ordem política está adotando múltiplas formas. A subversão das instituições democráticas por caudilhos narcisistas que se apossam das molas do poder a partir da repugnância das pessoas com a podridão institucional e a injustiça social; a manipulação midiática das esperanças frustradas por encantadores de serpentes; a renovação aparente

No claro-escuro do caos

e transitória da representação política através da cooptação dos projetos de mudança; a consolidação de máfias no poder e de teocracias fundamentalistas, aproveitando as estratégias geopolíticas dos poderes mundiais; a pura e simples volta à brutalidade irrestrita do Estado em boa parte do mundo, da Rússia à China, da África neocolonial aos neofascismos do Leste Europeu e às marés ditatoriais na América Latina. E, enfim, o entrincheiramento no cinismo político, disfarçado de possibilismo realista, dos restos da política partidária como forma de representação. Uma lenta agonia daquilo que foi essa ordem política.

De fato, a ruptura da relação institucional entre governantes e governados cria uma situação caótica que é particularmente problemática no contexto da evolução mais ampla de nossa existência como espécie no planeta azul. Isso no momento em que se questiona a habitabilidade deste planeta a partir da própria ação dos humanos e de nossa incapacidade de aplicar as medidas corretoras, de cuja necessidade estamos conscientes. E no momento em que nosso extraordinário desenvolvimento tecnológico entra em contradição com nosso subdesenvolvimento político e ético, pondo nossas vidas nas mãos de nossas máquinas. E em que as condições ecológicas nas megalópoles, que concentram uma proporção crescente da população mundial, podem provocar, e de fato provocam, pandemias de todo tipo, que se transformam em mercado para as multinacionais farmacêuticas, esse malévolo poder que raptou e deformou a ciência da vida para seu exclusivo benefício. Um planeta no qual a ameaça de um holocausto nuclear continua vigente pela loucura de endeusados governantes sem controle psiquiátrico. E no qual a capacidade tecnológica das novas formas de guerra, incluída a ciberguerra, prepara conflitos possivelmente mais atrozes do que os vividos no século XX. Sem que as instituições internacionais, dependentes dos Estados, e portanto da pequenez de objetivos, da corrupção e da falta de escrúpulos daqueles que os governam, sejam capazes de pôr em prática estratégias de sobrevivência para o bem comum.

A ruptura da mistificação ideológica de uma pseudorrepresentatividade institucional tem a vantagem da clareza da consciência a respeito de que mundo vivemos. Mas nos precipita na escuridão da incapacidade de decidir e atuar porque não temos instrumentos confiáveis para isso, particularmente no âmbito global em que pairam as ameaças sobre a vida.

A experiência histórica mostra que do fundo da opressão e do desespero surgem, sempre, movimentos sociais de diferentes formas que mudam as mentes e, através delas, as instituições. Como aconteceu com o movimento feminista, com a consciência ecológica, com os direitos humanos. Mas também sabemos que, até agora, as mudanças profundas demandaram uma substituição institucional a partir da transformação das mentes. E é nesse nível, o político-institucional propriamente, que o caos continua imperando. Daí a esperança, abrigada por milhões, de uma nova política. Contudo, quais são as formas possíveis dessa nova política? Não estaríamos diante do velho esquema da esquerda, de esperar a solução mediante o apare-

No claro-escuro do caos

cimento de um novo partido, o autêntico transformador que finalmente seja a alavanca da salvação humana? E se tal partido não existir? E se não pudermos recorrer a uma força externa àquilo que somos e vivemos para além de nossa cotidianidade? Qual é essa nova ordem que necessariamente deve existir e substituir aquilo que morre? Ou será que estamos numa situação historicamente nova, na qual nós, cada um de nós, devemos assumir a responsabilidade de nossas vidas, das de nossos filhos e de nossa humanidade, sem intermediários, na prática de cada dia, na multidimensionalidade de nossa existência? Ah, a velha utopia autogestionária. Mas por que não? E, sobretudo, qual é a alternativa? Onde estão essas novas instituições dignas da confiança de nossa representação? Auscultei muitas sociedades nas duas últimas décadas. E não detecto sinais de nova vida democrática por trás das aparências. Há projetos embrionários pelos quais tenho respeito e simpatia, sobretudo porque me emocionam a sinceridade e a generosidade de tanta gente. Mas não são instituições estáveis, não são protopartidos ou pré-Estados. São humanos agindo como humanos. Utilizando a capacidade de autocomunicação, deliberação e codecisão de que agora dispomos na Galáxia Internet. Pondo em prática o enorme caudal de informação e conhecimento de que dispomos para gerir nossos problemas. Resolvendo o que vai surgindo a cada instante. E reconstruindo de baixo para cima o tecido de nossas vidas, no pessoal e no social. Utópico? Utópico é pensar que o poder destrutivo das atuais instituições pode deixar de se reproduzir em novas instituições criadas a partir da mesma matriz. E, já que a destruição de um Estado para criar outro leva necessariamente ao Terror, como já aprendemos no século XX, poderíamos experimentar e ter a paciência histórica de ver como os embriões de liberdade plantados em nossa mente por nossa prática vão crescendo e se transformando. Não necessariamente para constituir uma ordem nova. Mas sim, quem sabe, para configurar um caos criativo no qual aprendamos a fluir com a vida, em vez de aprisioná-la em burocracias e programá-la em algoritmos. Dada nossa experiência histórica, aprender a viver no caos talvez não seja tão nocivo quanto conformar-se à disciplina de uma ordem.

Apêndice
Para ler este livro

O livro que está em suas mãos, amigo leitor, se baseia numa considerável documentação reunida durante bastante tempo em vários países. Mas decidi não a incluir no texto escrito do livro, que eu queria breve e livre dos tediosos quadros e referências que costumam acompanhar minhas obras acadêmicas, a fim de tornar mais fácil a comunicação com você. Mas não sou capaz de pensar, e por conseguinte de escrever, sem dados. É minha condição de sociólogo. Por isso, combinei com a editora que publicasse em seu site as tabelas estatísticas e referências sobre as quais esta obra se baseia. Assim, todo mundo fica satisfeito. Eu, com meu prurido acadêmico; você, economizando tempo e esforço para ler o que tenho a dizer; e também aqueles que desejem ir às fontes, porque poderão fazê-lo na internet. Mais direto teria sido um livro eletrônico (que provavelmente virá depois). Entretanto, depois de ter passado minha vida respirando o aroma do papel e sentindo a textura das páginas, não posso fazer mais concessões. Cada um é produto de sua época. E eu sou produto de um período de transição tecnológica. Por isso há texto impresso e há um site. Mas insisto em que ambos são partes integrantes do livro, um produto híbrido característico de nossa transição comunicativa.

Os dados de base deste livro podem ser consultados livremente no seguinte endereço: www.zahar.com.br/livro/ruptura.

Aproveito para agradecer publicamente às pessoas que me ajudaram na coleta, na análise e na organização dos dados: Arnau Monterde e Pedro Jacobetty, na Universitat Oberta de Catalunya; Sarah Myers e Nahoi Koo, na Universidade do Sul da Califórnia.

Muito especialmente quero agradecer à minha ajudante pessoal, Noelia Díaz López, pela organização minuciosa do manuscrito e por seu apoio constante na preparação e na redação deste livro.

E, por fim, minha reiterada gratidão à minha editora, Belén Urrutia, da Alianza Editorial, que me acompanhou e estimulou neste projeto como vem fazendo há duas décadas com o conjunto de minha obra.

Este livro foi composto por Mari Taboada em Dante Pro 11,5/16
e impresso em papel offwhite 80g/m² e cartão triplex 250g/m²
por Paym Gráfica e Editora em janeiro de 2019.